LES HÉROS

DE LA

DÉCADENCE NATIONALE

PAR

ÉDOUARD GUILLEMIN

> Quand on agite un peuple, on
> fait monter la lie.
> (AMÉDÉE POMMIER.)

Prix : 2 francs.

BESANÇON
IMPRIMERIE DE J. BONVALOT
1876

OUVRAGES DU MÊME AUTEUR

En vente dans les bureaux de l'ABEILLE FRANC-COMTOISE,

49, GRANDE-RUE, BESANÇON.

LES TITRES
DE LA DYNASTIE IMPÉRIALE

Prix : 1 franc.

POURQUOI
JE NE SUIS PLUS RÉPUBLICAIN

Prix : 25 centimes.

LES HÉROS

DE LA

DÉCADENCE NATIONALE

PAR

ÉDOUARD GUILLEMIN

> Quand on agite un peuple, on
> fait monter la lie.
> (AMÉDÉE POMMIER.)

Prix : 2 francs.

BESANÇON
IMPRIMERIE DE J. BONVALOT

1876

PRÉFACE.

> Quand on agite un peuple, on fait monter la lie.
> (Amédée POMMIER.)

Ce livre est l'œuvre d'un écrivain sans ambition.

Si incomplet et si imparfait que soit ce travail, il n'en sera pas moins curieux à lire.

C'est dans les grands malheurs que les hommes se révèlent tout entiers. Dieu sait si ceux qui ont présidé à nos destinées depuis la néfaste journée du 4 Septembre, se sont révélés sous un jour que nous laissons au soin de la postérité de flétrir.

La bande du 4 Septembre a beau faire, elle a beau crier, hurler, elle passera tout entière devant le jugement de l'histoire impartiale. Mais avant que des historiens autorisés l'aient jugée, nous voulons savoir ce que chacun de ces individus-là a dans le ventre et surtout dans les poches.

On croirait, à les entendre, qu'ils ont toutes les

vertus politiques, morales et sociales. Ils se permettent de parler de pudeur et d'honneur, comme s'ils savaient ce que c'est ! Ils osent demander aux honnêtes gens de rendre leurs comptes, et, pendant ce temps, les *Commissions d'enquêtes* écrivent leur histoire. Histoire qui tiendra une grande place dans les annales des ignominies célèbres.

Malheureusement, la voix de ces misérables est souvent parvenue à se faire entendre ! Malheureusement, il s'est trouvé des hommes assez faibles pour l'écouter, et qui, dans leur honnêteté, ne se rendant pas compte du mobile qui les pousse à leur parler de la sorte, sont devenus leurs esclaves et ont fini par tomber sous le feu de l'armée de l'ordre, pendant que ceux qui sont cause de leur malheur les abandonnent lâchement pour aller chercher à l'étranger l'existence et la liberté qu'ils leur ont ravies.

Eh bien ! ces misérables, ces scélérats qui ont tenté d'assassiner l'Empire, leur espérance est déçue; l'Empire n'est pas mort, il est devant eux plein de force et de vie, menaçant et terrible, prêt à les faire rentrer dans le néant, et cette fois pour toujours. L'Empereur a succombé, il est vrai, à la barbare agonie que ces barbares lui avaient infligée, mais il revit dans son auguste Fils. Ce Fils est aujourd'hui un homme, et cet homme, si jeune qu'il soit, les fait déjà trembler.

Depuis le 4 Septembre, tout a été essayé, tout a été tenté, tous les partis sont montés à l'assaut du pouvoir. Rien n'y a fait. L'Empire subsiste et se fortifie de plus en plus ; quant à ses ennemis, ils ne peuvent que donner la mesure de leur stérilité et de leur impuissance ; chaque jour qui s'écoule nous prouve que la république ne saurait s'implanter en France ; chaque jour constate que la royauté ne reviendra jamais plus ; mais chaque jour affirme que si l'Empereur est mort, l'Empereur reviendra.

La république voit monter autour d'elle le flot sans cesse accru des réprobations de l'opinion publique ; le 4 Septembre, la Commune, les ruines, les crimes, les désastres, les infamies de tous genres qu'elle portait allègrement jusqu'au 24 mai 1871, n'ont pas cessé, depuis ce jour, de devenir toujours plus lourds à porter, et voici maintenant que ce fardeau est écrasant ; il faut succomber, les genoux plient, les yeux se troublent, et l'on n'a plus de force que pour jeter une suprême insulte à la justice qui châtie.

Cette fureur, ces vociférations, ces menaces et ces injures, laissons-les passer sans nous y arrêter.

Est-ce que ces traîtres, ces factieux, ces conspirateurs d'habitude, d'instinct, de tempérament, ces dictateurs sanglants, ces dilapidateurs effrontés, ces ennemis de tout ordre politique, social et moral espèrent que les représentants de la grande cause de la Souveraineté nationale, les hommes qui n'ont pas cessé un seul jour, depuis la chute du régime qui, pendant vingt ans, fit la grandeur et la prospérité de la France, de réclamer l'*Appel au Peuple*, — est-ce que ces malandrins espèrent que le parti de l'ordre daignera les discuter? Allons donc! Aujourd'hui ils sont la force, nous nous soumettons; mais l'article 8 de la Constitution nous défend d'abdiquer.

Ne suffit-il pas de laisser la parole aux faits, à l'histoire bien connue de tous désormais, de l'exécrable forfait qu'ils ont commis au 4 Septembre? Quel est le droit qu'ils n'ont pas violé, l'intérêt légitime qu'ils n'ont pas trahi, la liberté qu'ils n'ont pas supprimée, la violence qu'ils n'ont pas exercée, le cynisme qu'ils n'ont pas étalé, la croyance politique ou religieuse qu'ils ont respectée?

Menteurs et calomniateurs effrénés, ils grincent les dents aujourd'hui devant la vérité qui les dompte.

Le 4 Septembre a laissé d'assez profondes traces pour que le souvenir des dictatures arrogantes et ruineuses qui en sont nées, des hommes ineptes et malfaisants qu'il a enfantés, des décombres et des désastres qu'il a accumulés, ne soit pas encore effacé...

Le despotisme bavard d'avocats qui s'étaient arrogé tous les droits, se décrétant aptes à tout, a préparé, armé et déchaîné les révoltes de Lyon, de Marseille, de Saint-Etienne, et partout, la révolte est synonyme d'assassinat. C'est le 4 Septembre qui a fait le 31 Octobre, le 22 Janvier, le 18 Mars !

La république a donc un contingent d'horreurs et de crimes qui ne laisse aucune place à l'envie. Dans notre lamentable histoire, 1870-1871 valent 1792-1793 !

La république a de quoi s'affirmer et démontrer ce qu'elle est, ce qu'elle contient en elle, ce qu'elle produira de ravages, ce qu'elle répandra de terreur, chaque fois qu'elle viendra nous visiter; les fléaux ne déchaînent que les malheurs !

Voilà la république, la voilà telle qu'elle a toujours été, telle qu'elle est à la veille peut-être de reparaître.

Si dans cette préface je me suis laissé entraîner à des considérations politiques peut-être trop étendues, j'en demande pardon à mes lecteurs. Toutefois, j'ai encore à les prévenir que, pour écrire ce livre, il m'a fallu beaucoup de courage.

Qu'en présence des faits monstrueux que j'ai à rapporter, l'indignation m'ait quelquefois emporté, je ne m'en défends pas ; l'audace de ces hommes étant sans exemple dans l'histoire, il doit bien m'être permis, à moi, modeste biographe, de traiter sévèrement ceux qui ont dépravé le sens moral et débauché la conscience publique.

EDOUARD GUILLEMIN.

Nous croyons devoir prévenir le lecteur que l'ouvrage que nous publions aujourd'hui, sous le titre : *les Héros de la Décadence nationale,* est écrit depuis plus de dix-huit mois. C'est ce qui explique pourquoi ces biographies contemporaines sont muettes sur les derniers hauts faits des personnages cités.

LES HÉROS

DE LA

DÉCADENCE NATIONALE.

A. THIERS.

On croit que Thiers (Louis-Adolphe) est né à Marseille, le 16 avril 1797, d'une famille de commerçants en drap, ruinée par la Révolution. Quelques historiens ne sont pas d'accord sur ce sujet.

Il entra, avec une bourse, au lycée de Marseille, en 1806. Après d'assez brillantes études, il alla faire son droit à Aix.

Reçu avocat en 1820, M. Thiers ne tarda pas d'abandonner le barreau pour se vouer exclusivement à l'étude de l'histoire et de la philosophie.

En septembre 1821, M. Thiers vint à Paris, et le 30 novembre de la même année il collabora à la rédaction du *Constitutionnel;* mais il n'entra de fait dans la vie politique qu'en août 1829 (1). A cette époque, il abandonna le *Constitutionnel* pour fonder, avec Armand Carrel, le *National,* organe destiné à combattre le ministère Polignac et la royauté elle-même. Rédacteur en chef de cette nouvelle feuille, il mit tellement de passion et d'acrimonie dans ses attaques contre les institutions établies, qu'il fut traduit devant les tribunaux et condamné.

Le 28 juillet 1830, après avoir assisté à plusieurs réunions où il s'efforçait de faire prévaloir le système de la résistance contre les ordonnances, un arrêté d'incarcération fut pris contre M. Thiers. Il se retira à Montmorency, mais reparut aussitôt la lutte terminée pour aller «offrir la couronne de France (2) » au duc d'Orléans alors à Neuilly. — Le duc d'Orléans étant devenu Louis-Philippe Ier, roi des Français, nous retrouvons M. Thiers, secrétaire général du ministère des finances, conseiller d'État et député d'Aix.

(1) C'est vers cette époque que M. de Talleyrand dit de lui, un soir, dans un salon de la rue Saint-Florentin, où le jeune Méridional venait de pérorer très-brillamment : « Ce petit homme a bien de l'esprit, mais il perdra la France. »

(2) Louis Blanc, *Histoire de dix ans,* t. I, p. 367.

En 1832, après la mort de M. Casimir Périer père, il entra au ministère (11 octobre) avec le portefeuille de l'intérieur. C'est alors qu'avec l'aide des fonds secrets, il acheta la trahison de Deutz (1), et fit arrêter la duchesse de Berry (7 novembre 1832).

Le 28 décembre 1832, M. Thiers passa du ministère de l'intérieur au ministère du commerce et des travaux publics.

En 1834, alors que les clubs et les sociétés populaires menaçaient le pouvoir, M. Thiers reprit le portefeuille de l'intérieur, soutint la loi contre les associations et marcha contre l'émeute dans les journées du 12 et du 13 avril. Mais quand il fut question de juger les insurgés, il faiblit et ne voulut pas admettre l'intervention de la Cour des Pairs. Le 11 novembre de cette même année, il quitta le ministère pour y rentrer six jours après (18 novembre 1834), sous la présidence du maréchal Mortier.

Après la mort du maréchal Mortier, qui fut tué le 28 juillet 1835, par l'explosion de la machine Fieschi, M. Thiers soutint énergiquement les *lois de Septembre* sur la presse et sur le jury.

A la suite de longues intrigues, il arriva enfin à la présidence du conseil avec le portefeuille des

---

(2) Simon Deutz, juif converti à la religion catholique, mêlé aux complots des légitimistes.

affaires étrangères (22 février 1836), mais aussi avec la qualification de *foutriquet*, que lui infligea le maréchal Soult, et cette violente apostrophe de M. de Lamartine :

« Il y a en vous, non un principe, mais une
» passion, une passion inquiète, jalouse, insa-
» tiable, que rien ne peut calmer, qui ne veut
» rien partager, parce que tout n'est pas assez
» pour elle ! Il y a la passion de gouverner *seul*,
» de gouverner *toujours*, de gouverner avec la
» *majorité*, de gouverner avec la *minorité*, de
» gouverner avec et contre tous ! — Régner seul,
» régner toujours, régner à tout prix. » Quelques mois après, il fut contraint de se retirer (25 août 1836).

Déjà perçait le vrai caractère de cet homme dont l'ambition dépassait les talents, et dont l'insupportable orgueil devait en faire « le sinistre vieillard » qui plus tard, pour arriver au faîte des honneurs, devait compromettre et sacrifier les intérêts les plus sacrés de sa Patrie.

Tombé du pouvoir, M. Thiers fit une vive opposition à M. Molé, qui avait été son successeur à la présidence du conseil et au ministère des affaires étrangères; ses manœuvres et ses ruses eurent un plein succès : le cabinet Molé fut renversé, et, à force d'habileté et de supercheries, le 1er mars 1840, M. Thiers devenait, pour la seconde fois, président du conseil, toujours avec le portefeuille des affaires étrangères. Mais bientôt (29 octobre 1840), il devait se retirer devant l'impopularité de ses actes politiques.

En quittant le ministère, voulant avoir l'air de se tenir à l'écart des affaires publiques, M. Thiers se remit avec ardeur à ses travaux littéraires. Après plusieurs voyages en Angleterre, en Espagne, en Italie, en Allemagne, il mit la dernière main à l'*Histoire du Consulat et de l'Empire*.

Cet ouvrage considérable parut de 1845 à 1862. Quoique un peu fantaisiste dans les chapitres qui ont trait à la tactique militaire, ce travail est, sans conteste, l'œuvre d'un écrivain distingué et érudit; on y lit même des pages empreintes de vrais sentiments patriotiques. Napoléon III lui-même, voulant rendre hommage à l'impartialité qui avait guidé l'auteur dans certains chapitres, n'a pas craint, dans une circonstance solennelle, d'appeler M. Thiers « notre grand historien national. »

Mais les talents de l'historien cachaient la fourberie et l'incapacité de l'homme politique, ainsi que va nous le démontrer la suite de cette courte, mais impartiale biographie.

Au mois de janvier 1848, M. Thiers, reniant déjà son passé, ou plutôt l'affirmant publiquement, déclara « qu'il était du parti de la révolution, en Europe, et qu'il ne trahirait jamais sa cause. » Un semblable langage, dans un moment aussi agité, lui rendit un semblant de popularité. Dans la nuit du 23 au 24 février, il fut appelé aux Tuileries, et chargé par le roi de fonder un nouveau cabinet. Il était trop tard! Déjà il n'était plus le maître des effets désastreux que ses écrits et ses discours subversifs avaient produit sur l'esprit du peuple; il ne se présenta à la Chambre que pour déclarer qu'il n'y avait plus rien à faire.

La république proclamée, M. Thiers s'empressa d'envoyer son adhésion et d'offrir ses services au gouvernement provisoire. Son adhésion fut acceptée et ses services refusés. Alors il se présenta aux élections pour l'Assemblée constituante dans le département des Bouches-du-Rhône; il échoua, et ce ne fut que le 4 juin, dans une élection partielle, qu'il arriva à la Chambre, envoyé par le département de la Seine-Inférieure.

M. Thiers siégeait à droite; aux journées de juin 1848, il vota pour la dictature du général Cavaignac, et au 10 décembre, pour la présidence du prince Louis-Napoléon, qu'il avait d'abord combattu. Il vota aussi pour l'expédition de Rome, pour la suppression des clubs et pour la loi électorale du 31 mai.

Mais le parti parlementaire étant entré en conflit avec l'Élysée, et cherchant à renverser le

Prince-Président, M. Thiers fut arrêté chez lui, lors du coup d'Etat, et incarcéré à Mazas. Quelques jours après, conduit à la frontière, il se rendait à Francfort.

Rentré en France en août 1852, il se tint éloigné de la vie politique jusqu'aux élections générales de 1863, époque à laquelle la 2e circonscription du département de la Seine l'envoya au Corps législatif, comme candidat de l'opposition. En 1869, il fut réélu par le même département, après un scrutin de ballottage.

Dès ce moment, M. Thiers reprit sa vie d'intrigues, et reparut à la tribune avec sa faconde bien connue, combattant les projets de lois présentés par le gouvernement de l'Empereur avec une systématique passion, et, répondant un jour à l'illustre M. Rouher, alors ministre d'Etat, qui suppliait le Corps législatif de voter la loi sur la garde mobile, il osa s'écrier :

« On vous présente les chiffres de 1,200, de
» 1,300, de 1,500 mille hommes comme étant ceux
» que les diverses puissances pourraient mettre
» sous les armes... Eh ! bien, ces chiffres-là sont
» chimériques...; la Prusse, selon M. le ministre
» d'Etat, nous présenterait 1,300,000 hommes.
» — Mais, je le demande, où a-t-on vu ces forces
» formidables... Il ne faut pas se fier à cette fan-
» tasmagorie de chiffres... Ce sont là des fables

» qui n'ont jamais eu aucune espèce de réalité.
» Donc qu'on se rassure. Notre armée suffira pour
» arrêter l'ennemi. Derrière elle, le Pays aura le
» temps de respirer et d'organiser *tranquillement*
» ses réserves. Est-ce que vous n'aurez pas tou-
» jours deux ou trois mois, c'est-à-dire plus qu'il
» n'en faudra, pour organiser la garde mobile et
» utiliser ainsi le zèle des populations... D'ailleurs,
» les volontaires afflueront. Vous vous défiez
» beaucoup trop de votre Pays... »

Pauvre Monsieur Thiers, votre longue expérience des affaires, vos études diplomatiques, vos voyages, vos talents d'historien ne vous auront donc servi qu'à venir exposer d'aussi lamentables énormités; vous étiez ignorant des forces de nos ennemis, et vous venez, en plein Corps législatif, traiter de « fantasmagorie » les chiffres de M. le ministre d'Etat, qui était plus à même que vous, avouez-le, de connaître les ressources militaires des puissances voisines. Ce qui était une fantasmagorie effrontée, ce fut d'oser affirmer, avec votre superbe audace, ce que vous ne connaissiez pas.

C'est que déjà, vieillard ambitieux et fatal, vous étiez prêt à prendre la plus belle part dans la curée de l'Empire.

Dans la séance du 15 juillet 1870, séance dans laquelle fut votée la guerre contre la Prusse, M. Thiers, voulant se ménager l'avenir, ne vota ni pour ni contre la déclaration de guerre, il *s'abstint*. Mais, ayant constaté la presque unanimité du scrutin, il vota, quelques moments après, les fonds demandés par le ministre de la marine.

Dès le début des hostilités, nos armées subirent des échecs désolants ; les circonstances étaient devenues graves, et le Corps législatif, dont la session avait été close le 23 juillet, fut convoqué d'urgence le 9 août.

Le rôle que joua l'opposition dans cette courte session fut honteux et infâme. Alors que les malheurs publics auraient dû réunir en un seul faisceau patriotique les hommes de tous les partis, la gauche, cette infime minorité alors, donna l'exemple d'une opposition plus menaçante et plus agressive que jamais.

A la nouvelle du désastre militaire de Sedan, M. Thiers arriva à la Chambre et devant la défaillance des grands corps de l'Etat, sur laquelle il avait compté, devint l'instigateur secret des évènements criminels qui souillèrent la journée du 4 Septembre.

« Nous ne rechercherons, dans l'intérêt général,
» que l'honnête vérité. Eh bien ! loyalement, en
» conscience, il nous est impossible de ne pas voir
» en M. Thiers un complice des hommes du 4 Sep-
» tembre, dont il s'est borné à ne pas partager
» les dangers et l'audace. Il s'est conduit en 1870

» comme en 1848, c'est-à-dire en *révolutionnaire*
» *honteux.* Il a laissé faire, il a même fait faire
» cette troisième révolution en présence et à la
» faveur de l'ennemi, sans en accepter franche-
» ment, courageusement, la responsabilité, bien
» sûr d'ailleurs, retors comme il l'est, qu'en se
» ménageant ainsi pour l'avenir, il en recueillerait
» plus sûrement les fruits, et qu'il parviendrait
» enfin par elle, indirectement, tôt ou tard, à cette
» magistrature suprême qu'il convoitait depuis si
» longtemps (1). »

M. Thiers est l'auteur d'une proposition qui n'était rien moins que la déchéance déguisée de l'Empereur. Pour l'honneur du Corps législatif, les évènements se précipitèrent d'une manière si stupéfiante que cette proposition ne fut point discutée.

Voulant feindre de rester étranger aux suites de l'insurrection et à l'organisation de ce fantôme de gouvernement qui eut nom gouvernement de la Défense nationale, M. Thiers entreprit différents voyages diplomatiques dans le but d'obtenir la sympathique intervention des puissances étrangères.

Il fut successivement évincé des cours de Londres, de Florence, de Vienne et de Saint-

---

(1) *M. Thiers sous tous les régimes,* p. 33. — Amyot, éditeur.

Pétersbourg. Parti de Paris le 13 septembre, il revint à Tours le 21 octobre. Là encore, ce triste négociateur donnait un nouvel échantillon de ses capacités.

Sérieusement, s'imaginait-il, ce présomptueux intrigant, que lui, M. Thiers, rien qu'à la faveur de ses mielleux discours, trouverait des alliés que Napoléon III, lui-même, n'aurait eu que dans certaines circonstances, à certaines conditions, et encore, et surtout, parce que l'intervention aurait été demandée par l'Empereur Napoléon III ?...

Aux élections du 8 février 1871, la France, trompée sur les véritables agissements des hommes du 4 Septembre, encore terrifiée par nos désastres, croyant au patriotisme de ceux qui n'avaient joué qu'un rôle odieux et infâme, envoya un certain nombre de nos charlatans politiques à l'Assemblée nationale qui devait se réunir à Bordeaux.

M. Thiers fut élu par vingt-six départements. Ayant réuni le plus grand nombre de suffrages dans le Pays, il était naturellement désigné comme devant exercer les fonctions de chef du pouvoir exécutif. Le 17 février il fut élevé à cette dignité ; le 19, il composa son premier cabinet, et y fit entrer ses complices MM. Jules Favre, Ernest Picard, Jules Simon, etc.

Chargé par la nouvelle Assemblée de se rendre à Versailles, pour négocier avec M. de Bismarck une paix devenue nécessaire, il partit le 21, et rentrait à Bordeaux le 26, apportant les dures, les cruelles, les humiliantes conditions imposées par nos terribles vainqueurs : l'Alsace et la Lorraine... cinq milliards ..., voilà ce que nous coûtaient les folies des hommes de la guerre à outrance !

A la suite des résultats déplorables de cette négociation, conduite on sait comment, mais que les circonstances nous obligeaient à accepter avec résignation, il fut convenu en séance publique 10 mars 1871) que le gouvernement serait *provisoire*, que M. Thiers, chef du pouvoir exécutif, ferait ce qui était indispensable pour rétablir l'ordre, et qu'aussitôt après il *convoquerait la nation* pour qu'elle se prononce sur la *forme définitive* de son gouvernement, C'est ce qui fut appelé le *pacte de Bordeaux*. M. Thiers l'accepta solennellement par le discours suivant :

 « Non, messieurs, je le jure devant le Pays, et
 » si j'osais me croire assez important pour parler
 » de l'histoire, je dirais que je jure devant l'histoire de ne tromper aucun de vous, de ne
 » *préparer* sous le rapport des questions constitutionnelles *aucune solution* à votre insu, et qui
 » serait de notre part, de ma part, une sorte de
 » *trahison*. (Vifs applaudissements.). . . . .
 » . . . .
 » Eh bien, je vous ai dit que je serais profondé-

» ment sincère, vous le voyez : lorsque le Pays
» sera *réorganisé*, nous viendrons ici, si nous
» avons pu le réorganiser nous-mêmes, si nos
» forces y ont suffi, si, dans la route, votre con-
» fiance ne s'est pas détournée, nous viendrons le
» plus tôt que nous pourrons, bien heureux, bien
» fiers d'avoir pu contribuer à cette noble tâche,
» vous dire : — le Pays, vous nous l'avez confié
» sanglant, couvert de blessures, vivant à peine,
» nous vous le rendons un peu ranimé; c'est le
» moment de lui donner sa *forme définitive*; je
» vous en donne *la parole d'un honnête homme*,
» *aucune des questions* qui aura été réservée
» n'aura été *résolue*, aucune solution n'aura été
» altérée par une infidélité de notre part (1). »

Nous verrons par la suite de quelle manière
M. Thiers entendait maintenir le provisoire, après
avoir engagé sa *parole d'honnête homme* qu'il
convoquerait la nation pour qu'elle se prononçât
sur la *forme définitive* de son gouvernement.

Profitant de la stupeur produite en France par
les exigences de la Prusse, la démagogie et les
socialistes ne tardèrent pas à s'agiter partout ; ce
mouvement anarchique, qui prenait chaque jour
des proportions plus inquiétantes, ne troublait en
rien la douce sécurité de M. Thiers; au contraire,

(1) A. Thiers, *Discours à l'Assemblée nationale*, séance du
10 mars 1871.

il en riait, et sans se préoccuper le moins du monde des nombreuses pièces d'artillerie que les fauteurs de désordre avaient réunies sur les buttes Montmartre, M. Thiers proposa le retour de l'Assemblé à Paris : *nous ne parlementons pas avec l'émeute*, dit-il, mais *nous ne sommes pas pressés d'employer la force.*

Malgré la quiétude du chef de l'Etat, l'Assemblée refusa de se réunir à Paris, et, comme terme de conciliation, Versailles fut choisi pour le transfert du gouvernement.

Ainsi que M. Thiers l'avait dit, son gouvernement « ne s'était pas pressé d'employer la force » et le 18 Mars éclata.

Cependant, après l'assassinat des généraux Clément Thomas et Lecomte, M. Thiers, toujours grand tacticien, organisa un plan d'attaque des plus ridicules; les troupes du gouvernement furent tournées par les insurgés et les canons restèrent sur place *faute d'attelages* pour les amener à l'Ecole militaire...

Le défectueux plan d'attaque de M. Thiers ayant échoué et l'insurrection s'étendant jusqu'aux quais, *le chef du pouvoir exécutif de la République française* prit peur ... *il se sauva.* « Il s'enfuit par un escalier dérobé, gagna la rue de l'Université et de là Versailles (1). »

(1) Enquête sur le 18 Mars, déposition du général Le Flô.

Les insurgés étant restés maîtres absolus de Paris, la *Commune* s'organisa, et plutôt que d'essayer d'étouffer l'émeute à son début par des moyens énergiques, M. Thiers perdit un temps précieux en pourparlers, en négociations, en finasseries de toutes sortes.

Cette effroyable guerre civile, résultat de l'incapacité, de la criminelle faiblesse du gouvernement, dura deux mois ; ce ne fut que le 21 mai que les armées de Versailles purent rentrer dans Paris en feu, grâce au patriotisme de M. Ducatel, qui, monté sur un rempart, fit savoir qu'en cet endroit l'enceinte était dégarnie de défenseurs.

La répression fut terrible, pendant trois jours le sang coula à flots dans les rues de notre ancienne capitale en ruines.

Il était permis d'espérer qu'après une pareille secousse, qui venait d'ébranler l'ordre social tout entier, le chef du pouvoir exécutif inaugurerait une politique franchement conservatrice, et se séparerait à tout jamais des hommes du 4 Septembre, qui furent les instigateurs du 18 Mars.

Il n'en fut rien.

Au contraire, la plupart des chefs de l'insurrection purent se sauver à leur aise et se mettre à l'abri des recherches de la justice. D'autres, les plus marquants, profitèrent de tant de faiblesses ; ils s'évadèrent, et ces évasions eurent lieu dans de telles conditions de facilités, que l'Assemblée nationale dut intervenir.

Au mois d'août 1872 survint la fameuse proposition Rivet, qui devait avoir pour conséquence le changement du titre de chef du pouvoir exécutif en celui de président de la République, et qui assurait aux pouvoirs du chef de l'Etat une durée égale à celle de l'Assemblée.

M. Thiers devint donc président de la République. Cependant, en d'autres temps, il avait eu une bien triste idée de ce genre de gouvernement. Son opinion à ce sujet restera comme le jugement de l'histoire et comme la conclusion de ces quatre-vingts dernières années. Elle restera aussi comme la condamnation de l'apostasie politique de cet homme d'Etat, que son ambition personnelle a conduit à se faire l'allié, puis le chef du parti républicain, qu'il avait combattu toute sa vie.

Voici comment il s'exprimait, dans un discours resté célèbre, prononcé à la Chambre des députés le 17 mars 1834 :

« La république a été essayée d'une manière
» concluante, suivant nous. On nous objecte
» tous les jours : ce n'est pas la république san-
» glante comme celle de ces temps que nous vou-
» lons ; nous la voulons paisible et modérée. Eh
» bien! on commet une erreur grave quand on

» dit que l'expérience n'a pas porté sur deux
» points. Il y a eu une république sanglante pen-
» dant un an; mais, pendant huit à neuf ans,
» c'était une république qui avait l'intention d'être
» modérée, qui a été essayée par des hommes
» honnêtes, capables. Sous le Directoire, c'é-
» taient des hommes comme Lareveillère-Lepaux,
» Barthélemy, Rewbel, Sieyès, Carnot, hommes
» modérés, honnêtes, capables, qui voulaient, non
» pas la république de sang, mais la république
» paisible. La victoire n'a pas manqué à ces
» hommes, ils ont eu les plus belles : Rivoli,
» Castiglione et mille autres ! La paix ne leur a
» pas manqué non plus : car Napoléon leur avait
» donné celle de Campo-Formio, la plus sûre et
» la plus honorable.

» Cependant, en quelques années, le désordre
» était partout ; ces hommes d'Etat étaient hon-
» nêtes, et cependant le Trésor était livré au
» pillage ; personne n'obéissait ; les généraux les
» plus modestes, les plus probes, des généraux
» comme Championnet et Joubert, refusaient d'o-
» béir aux ordres du gouvernement : c'était un
» mépris, un chaos universel. Il a fallu que des
» généraux vinssent renverser ce gouvernement
» (passez-moi l'expression) à coups de pied, et se
» mettre à leur place.

» Ainsi, dans ces dix ans, il s'est fait en France

» une expérience concluante sous les deux rap-
» ports. On a eu la république non-seulement san-
» glante, mais la république clémente, qui voulait
» être modérée et qui n'est arrivée qu'au mépris,
» quoiqu'en majorité les hommes qui la diri-
» geaient fussent d'honnêtes gens.

» Aussi, la France en a horreur; *quand on lui*
» *parle république, elle recule épouvantée :* elle
» sait que ce gouvernement tourne au sang ou à
» l'imbécillité (1). »

Nommé président de la république provisoire, une tâche importante incombait à M. Thiers : réorganiser les pouvoirs publics, pacifier les esprits, préparer la France à un avenir prospère et glorieux, telle était la mission sublime, grandiose, patriotique, à laquelle le chef de l'exécutif devait se vouer, pour atténuer, dans la limite du possible, le mal que son insupportable orgueil et son égoïsme avaient causé à la Patrie.

« Si, au lieu d'être un *petit bourgeois*, écrivait
» *l'Ordre*, M. Thiers avait été un grand citoyen,
» au lieu de s'acharner à gouverner la France, il
» aurait ambitionné l'honneur de la sauver. La
» situation respective des partis, leurs divisions,
» leurs luttes, indiquaient bien clairement ce qu'il

---

(1) A. Thiers, 17 mars 1835. Discours à la Chambre des députés.

» y avait à faire. Le Pays demandait uniquement
» deux choses : le calme et la sécurité, et, avec
» ces deux choses, il se serait procuré toutes les
» autres. Il fallait donc organiser une administra-
» tion honnête, décente, impartiale, qui fût pour
» les populations une garantie, non une provoca-
» tion ou une insulte; il fallait maintenir l'ordre
» partout, toujours, à tout prix, et laisser le
» temps aux blessures de se fermer, aux ruines
» de se relever, aux passions de se calmer. Après
» s'être ainsi reposée, recueillie, la France, in-
» struite par le passé, éclairée sur le présent, au-
» rait choisi sa voie en connaissance de cause. »

Ne pouvant entrer dans tous les détails ni mentionner toutes les fautes du *règne* de M. Thiers, nous allons passer sur les actes arbitraires de sa politique cauteleuse pour arriver à ce fameux emprunt qui, d'après certains esprits, assurément plus enthousiastes que réfléchis, passe pour un vrai tour de force.

Nous voulons être impartial, et, entre mille appréciations sur ce sujet, nous ne reproduirons que celle du *Gaulois :* « Lorsqu'il s'agit de contracter
» l'emprunt de cinq milliards, un capital effectif
» de cinq milliards huit cents millions a été em-
» prunté *en rente cinq pour cent* au taux de
» 80 francs net, en déduisant la bonification d'ar-
» rérages accordée aux souscripteurs.

» Pourquoi du cinq pour cent et non pas du
» trois pour cent, comme sous l'Empire?
» Si on avait émis du *trois* au lieu du *cinq* pour
» cent, on aurait économisé *quatre pour cent*, c'est-
» à-dire 14,500,000 francs de rentes annuelles. *En
» prenant du cinq pour cent, M. Thiers a donc
» coûté au Pays une rente annuelle et perpétuelle
» de* QUATORZE MILLIONS CINQ CENT MILLE FRANCS.
» Quant aux motifs qui ont déterminé cette pré-
» férence, le gouvernement déchu ne les a jamais
» divulgués, mais ils sont aisés à deviner.
» On se flattait d'amener rapidement le cinq
» pour cent au pair, espérance irréalisable avec le
» type du trois pour cent. On aurait alors proclamé
» bien haut que, sous le principat de M. Thiers,
» la rente française était arrivée au pair, et quelle
» gloire nouvelle pour le libérateur! Ainsi, de
» même que les principes économiques de M.
» Thiers, au nom desquels il avait exigé le réta-
» blissement de la loi sur la marine marchande,
» ont failli amener une disette de céréales, de
» même sa recherche égoïste de popularité, dans
» une question purement financière, coûte à la
» France cette énorme rente de 14,500,000 fr. »

Depuis longtemps l'opinion publique était sou-
levée contre ce gouvernement qui, en toutes circonstances, avait aussi ouvertement méconnu ses
devoirs et ses engagements. La majorité, lasse de

faire des concessions résolut d'en finir une fois pour toutes et mit en demeure le chef de l'exécutif d'avoir à s'expliquer tant sur sa conduite passée que sur la politique qu'il entendait suivre dans l'avenir.

Après trois laborieuses séances, tenues de neuf heures du matin à minuit (24 mai 1873), M. Thiers adressa sa démission à l'Assemblée nationale. Elle fut accueillie avec des marques d'une satisfaction non équivoque. Suivant l'usage parlementaire, ses ministres le suivirent dans la retraite.

La France apprit avec une joie peu dissimulée la chute du « sinistre vieillard, » et c'est avec bonheur qu'elle salua l'arrivée au pouvoir du maréchal de Mac-Mahon.

Encore quelques mots sur M. Thiers avant de passer à ceux qui furent ses complices secrets ou ses lieutenants avoués.

M. Thiers, qui, pendant son passage au pouvoir, a toujours usé d'une si rigoureuse sévérité contre la Famille Impériale, avait, en d'autres temps, montré pour elle plus d'estime et d'affection.

Témoin les extraits de lettres qu'on va lire.

La première est une lettre de remercîments pour un souvenir du grand Empereur envoyé par le roi Jérôme à M. Thiers :

Monsieur Thiers au roi Jérôme.

Florence, 21 juillet 1857.

« Mon Prince, j'ai reçu hier votre lettre et l'en-
» voi qui l'accompagnait. Je garderai l'un et
» l'autre comme un des plus précieux restes de
» Napoléon. Je suis, vous le savez, l'un des
» Français de ce temps les plus attachés à sa glo-
» rieuse mémoire, et je serai heureux quand je
» verrai le retour des parents qui lui appartiennent
» se concilier avec le repos de notre Pays et le
» maintien de son gouvernement..... Vous êtes
» l'un des Princes de la famille de Napoléon qui
» ont le mieux compris et soutenu avec le plus de
» dignité le rôle qui leur convenait. Je n'avais
» que des liens de sympathie avec votre personne ;
» la connaissance que j'ai faite de vous et de vos
» dignes enfants (1) m'unit à vous d'une amitié
» dont je vous prie de me permettre ici l'expres-
» sion respectueuse et sincère.
» Recevez, mon Prince, mes hommages et mes

(1) Un des dignes enfants du roi Jérôme est le prince Napoléon (Jérôme), arrêté au château de Milment (Seine-et-
Oise) par les ordres de M. Thiers (1872).

» vœux, et veuillez transmettre mes respects et
» ceux de ma famille à la princesse votre fille.

» A. Thiers, *député.* »

Dans une longue lettre écrite à Cauterets, le 26 juillet 1839, nous relevons le passage suivant qui la termine :

« ..... Je suis chargé, par ma famille, de nous
» mettre tous aux pieds de la princesse Mathilde.
» Elle sait quelle respectueuse amitié nous lui
» portons tous et avec quel bonheur nous contri-
» buerions à l'adoucissement de ses peines et des
» vôtres. Le temps viendra, je l'espère, où notre
» gouvernement sentira ce qu'il doit de soins à
» la famille de Napoléon. Pour moi, c'est à mes
» yeux une dette sacrée que je serais bien heu-
» reux de voir acquitter par la France.

» A. Thiers. »

Voici maintenant un extrait d'une lettre en date du 29 janvier 1844 :

« .... Vous pouvez compter que tout ce que
» je peux avoir d'influence, je l'emploierai à se-
» conder l'adoption du projet de loi dont vous
» espérez la présentation. Le gouvernement fera

» une chose convenable et digne... Je vous ser-
» virai mieux en étant dans les rangs de l'oppo-
» sition qu'au ministère; à mon avis tout dépend
» de la présentation d'un projet de loi. Je serais
» étonné que le roi ne comprit pas l'honneur
» qu'une telle démarche doit faire à son gouver-
» nement.

» A. Thiers. »

En dernier lieu, nous allons reproduire en son entier une lettre relative au prince Napoléon, âgé alors de vingt-trois ans, et qui avait obtenu l'autorisation d'un court séjour en France :

Paris, le 13 juillet 1845.

« Prince, je prie le prince Napoléon, votre fils,
» de vouloir bien vous faire arriver la réponse
» suivante à votre lettre de Florence du mois de
» mai dernier. J'ai été fort honoré et fort heureux
» de voir le fils objet de vos justes prédilections.
» Tout le monde a été frappé de ses traits, de sa
» ressemblance avec la figure la plus populaire
» des temps modernes, et, ce qui vaut mieux en-
» core, de son esprit, de son tact, de sa parfaite
» attitude. Je ne me suis pas permis de lui donner
» des conseils dont il n'a pas besoin; mais dans
» une circonstance, je lui ai dit ce que je pensais,

» parce qu'il a bien voulu connaître mon senti-
» ment.
» C'est relativement à la visite qu'il a faite au
» roi. Je crois qu'il aurait commis une faute véri-
» table en ne remerciant pas le roi, auquel il de-
» vait la faculté qui lui a été accordée de visiter
» la France. Du reste, le Prince était incapable de
» se tromper à cet égard. Il a fait la visite qu'il
» devait, et il est maintenant à Paris, après avoir
» satisfait à toutes les convenances.

» A. Thiers. »

Ces documents historiques et peu connus démontrent suffisamment la fausseté du caractère et la petitesse des sentiments de cet homme, qui a toujours caché, sous des apparences honnêtes, l'esprit le plus hypocrite.

Mais ce n'est pas tout. Dans une circonstance encore bien près de nous, M. Thiers, toujours rageur et plein de fiel, devait se venger sur un ministre de l'Empire de la mesure qui avait été prise contre lui en 1852; dans un intérêt de salut public.

Chacun sait que cet audacieux conspirateur fut arrêté et transporté à Mazas lors du coup d'Etat.

Conservant une haine féroce contre les hommes de l'Empire, il prit publiquement sa revanche dans la nuit du 22 au 23 mars 1871. — Il fit arrêter M. Rouher à Boulogne, qui, après avoir été gardé à vue dans l'hôtel Christof, fut définitivement incarcéré dans les prisons d'Arras.

M. Thiers a persisté dans cette fable risible qu'il n'aurait fait arrêter M. Rouher que pour le soustraire à la colère de la population... MENSONGE !

M. Rouher était depuis plusieurs jours à Boulogne sans avoir été inquiété, et les violences inouïes dont il a failli être la victime n'ont été que le résultat d'un mot d'ordre venu on ne sait d'où.....

M. Rouher a été arrêté entre minuit et une heure, au moment où il reposait paisiblement et où sa personne ne courait aucun danger.

M. Thiers seul doit rester responsable de cette arrestation illégale, arbitraire, odieuse.

A petit homme, petite vengeance.

Mais, de quoi s'étonner de la part de ce vieillard rabougri par l'égoïsme ?

Ecoutons le *Times* :

« Il est dirigé par de trop petites passions, do» miné par ses petits intérêts personnels, gouver» nant par des petits moyens et administrant la
» France comme un petit boutiquier ruiné par
» un incendie, obligé de reconstituer sa fortune
» et son crédit avec d'adroites petites superche» ries, n'osant aborder les grandes affaires, et se
» disant à son réveil chaque matin : comment
» m'arrangerai-je aujourd'hui ? »

En effet, M. Thiers, toujours inconséquent avec lui-même, nous a montré en toutes occasions qu'il ne savait guère le matin ce qu'il ferait le soir, ni le soir ce qu'il ferait le matin.

On peut dire hardiment qu'il a été le génie fatal de la France.

Comme résumé des actes et de la politique de ce prétendu libérateur de la Patrie, nous extrayons du *Journal de Bruxelles* les appréciations suivantes :

« Lors de sa fameuse mission en 1870, M. Thiers
» a débuté par la faute impardonnable de déclarer
» par-dessus les toits que la France avait absolu-
» ment tous les torts; qu'elle n'avait aucune
» excuse; c'est avec cela que M. de Bismarck lui
» a toujours fermé la bouche quand il réclama
» plus tard quelque adoucissement aux conditions
» du vainqueur.

» Puis à Londres, à Pétersbourg, comme à
» Vienne, il annonça que la France était perdue,
» perdue sans rémission; que les gens du 4 Sep-
» tembre n'étaient que des *imbécilles*, des républi-
» cains, en un mot, disait-il; alors il n'y avait
» absolument rien à espérer de la manière dont
» ils conduiraient la lutte. De cette façon, il ôta
» naturellement aux gouvernements les mieux
» disposés pour nous toute envie d'intervenir; et
» lorsque, à Florence, le cabinet italien, je dis
» le cabinet et non-seulement le roi, lui offrit

» 60,000 hommes s'il voulait donner sa parole que
» ce secours serait d'une utilité efficace, il ne
» voulut jamais s'engager. Il n'avait aucune idée
» des ressources qu'on pouvait encore trouver en
» France et que Gambetta trouva, en effet, sauf
» qu'il les gaspilla par ses maladresses ulté-
» rieures. »

Pour les négociations de l'armistice, où il fut encore joué par M. de Bismarck, M. Thiers montra la même incapacité, la même ineptie.

Empruntons encore quelques lignes au *Journal de Bruxelles* :

« ..... Survint la prise de Paris et la signature
» des préliminaires de paix. M. Thiers se trouve
» de nouveau en présence de M. de Bismarck.
» Suivant sa fatale manie, il discute et agit tout
» seul, sans jamais dire un mot à la commission
» de l'Assemblée qui l'accompagnait ; et tandis
» que M. de Bismarck, quand il était quelque
» peu pressé, embarrassé, rompait les chiens, en
» disant qu'il lui fallait en référer au roi, à M. de
» Moltke, lui, M. Thiers, n'eut jamais l'idée de
» s'abriter derrière la commission, de traîner un
» peu les choses dans les moments difficiles, en
» disant : « Il faut que je consulte la commis-
» sion ; » et puis : « La commission ne veut pas y
» consentir, » etc., petits moyens, pensera-t-on,
» mais qui ont une grande valeur en diplomatie.

» Mais il y a bien autre chose. Dans son ardeur
» de conclure, pour être définitivement investi du
» pouvoir, il bâcle tout en six jours, sans songer
» un instant à profiter de l'intervention des puis-
» sances neutres qui avaient offert de plein gré
» leur appui. Il se fit duper par M. de Bismarck,
» qui lui conta que la France aurait de meilleures
» conditions si l'on traitait seul à seul. Elles furent
» jolies, les conditions !

» L'Autriche avait, par une dépêche, annoncé
» qu'elle allait intervenir auprès de la Prusse pour
» que celle-ci modérât ses exigences de cessions
» territoriales, et surtout le chiffre de l'indemnité
» de guerre, parce que le paiement d'une somme
» aussi exorbitante pouvait facilement faire naître
» dans toute l'Europe une terrible crise moné-
» taire, crainte que légitimait entièrement l'in-
» tervention des neutres. M. Thiers ne fit aucune
» attention à cette offre.

» L'Angleterre également avait proposé sa mé-
» diation ; mais M. Thiers n'informa que très-
» imparfaitement M. de Broglie, notre ambassa-
» deur à Londres, des conditions de la Prusse, et
» lorsque, néanmoins, le cabinet anglais envoya
» à Versailles M. Odo-Russell avec une note pres-
» sante, demandant plus de modération, l'envoyé
» britannique reçut pour réponse que M. Thiers
» venait de signer. »

De M. Thiers ou du citoyen Gambetta on ne saurait au juste dire qui a fait le plus de mal à la France. Esprit révolutionnaire, routinier, fantasque, égoïste, ambitieux, rempli de préjugés, n'ayant pour toute préoccupation que sa personnalité, M. Thiers est un de ces hommes funestes qui, infatués de leur médiocrité, se croient capables de sauver leur pays, quand au contraire ils le plongent plus avant dans l'abîme.

Révolutionnaire, il le fut de tout temps; il prépara la révolution de 1830, — il aida la révolution de 1848, — il fut un des principaux agents, le plus haineux et le plus hypocrite de la révolution de 1870.

Présent à la chute de la royauté légitime de 1830, — présent au sac de l'archevêché en 1831, — présent à la fuite de Louis-Philippe qu'il avait mis sur le trône, — présent au départ de l'Impératrice Eugénie en 1870, — ayant préparé toutes ces chutes après avoir servi tous ces régimes, il est permis de dire qu'il est une des figures les plus lugubres qu'ait produit la France.

Nous ne pouvons mieux terminer la biographie de ce spadassin politique qu'en reproduisant un extrait d'un article de l'éminent critique, M. Louis Veuillot, paru dans un numéro du journal *l'Univers*, du mois de mai 1873 :

« Voici un demi-siècle, dit M. Louis Veuillot,

» qu'il est l'homme important. Personne n'a aussi
» longtemps que lui tenu ce poste de médecin,
» dont l'art consiste à ne pas guérir son malade et
» à ne pas le laisser soigner par d'autres. Cepen-
» dant, tout prend fin, et M. Thiers s'achemine à
» finir. En vérité, il est temps ! Si les prières pu-
» bliques avaient obtenu de Dieu qu'enfin nous
» prissions la force de nous priver des services de
» M. Thiers, ce serait un grand résultat. La cohue
» qui l'entoure .... tient témoigne suffisam-
» ment que nous a .... d'abord ne le plus garder
» à notre chevet. M. Thiers est l'arche de la mé-
» thode qui nous a perdus, la boîte où sont collec-
» tionnés tous les mauvais onguents, toutes les
» fausses panacées qui nous conduisent d'affaiblis-
» sements en syncopes, et de syncopes en affai-
» blissements plus désastreux. Il ne peut pas nous
» guérir, il ne sait pas, il ne voit pas, et d'une cer-
» taine façon il ne veut pas. Non, M. Thiers ne
» veut pas qu'on guérisse autrement que par sa
» méthode révolutionnaire, et ne sait pas voir
» qu'elle nous tue. »

TROCHU.

Trochu (Louis-Jules) est né dans le département du Morbihan, le 12 mars 1815. Elève de Saint-Cyr et de l'Ecole d'application, il fut promu lieutenant en 1840, capitaine en 1843, chef d'escadron en 1846, lieutenant-colonel en 1853, général de brigade en 1854, et général de division le 24 mai 1859.

Le 22 août 1855, Trochu fut promu commandeur de la Légion-d'Honneur et grand-officier le 12 août 1861.

Pour des motifs qu'il ne convient pas d'apprécier ici, mais qui n'étaient que trop fondés, l'avenir l'a prouvé, le général Trochu fut laissé à l'écart après la campagne d'Italie et ne reçut aucun commandement dans l'organisation des premiers corps d'armée, au début de la guerre contre la Prusse.

Ce ne fut que le 20 août que le commandement du 12ᵉ corps, en formation à Châlons-sur-Marne, fut remis à Trochu par le général de Palikao, alors ministre de la guerre.

« J'avais grande confiance dans les talents mili-
» taires du général Trochu, et j'espérais que, s'il
» arrivait malheur au maréchal de Mac-Mahon,
» M. le général Trochu sauverait la situa-
» tion (1). »

Le 12e corps, dont Trochu prenait le commandement, était composé, remarquons-le en passant, des dix-huit bataillons des gardes mobiles de la Seine.

Le 17 août, au matin, en présence du maréchal Mac-Mahon, du prince Napoléon, du général Schmitz et du colonel Berthaud, M. Trochu, s'adressant à l'Empereur, lui expose qu'il avait eu tort de ne pas avoir en lui une confiance entière. Il proteste de son dévouement, et promet que s'il était envoyé à Paris comme gouverneur, il agirait de manière à lui en donner des preuves certaines. L'Empereur, tout d'abord étonné de cette proposition, ne répondit pas. Ce n'est que sur l'assurance du maréchal Mac-Mahon que « le général Trochu lui était connu depuis de longues années, que c'était un homme d'honneur, un homme de cœur et qu'il pouvait compter entièrement sur l'engagement qu'il prenait (2), » que le départ du

---

(1) Déposition du général Palikao devant la commission d'enquête.
(2) Déposition du maréchal Mac-Mahon. Séance du 9 septembre 1871.

général pour Paris fut décidé. Il emmenait avec lui ses dix-huit bataillons de garde mobile.

Odieuse et infâme comédie : au moment où il quittait son Souverain, devant la tente du quartier impérial : « Sire ! dit-il, ajoutez à ma gloire ! Dé» passez d'un coup tous mes honneurs ! Sire .....
» que je vous embrasse ! ..... »

Nous allons voir de quelle manière M. Trochu justifia la confiance de l'Empereur ainsi que les convictions de l'illustre et loyal maréchal Mac-Mahon.

A peine arrivé à Paris, M. le général Trochu entra en relation avec les chefs les plus violents de l'opposition et eut de fréquents pourparlers avec les membres de la gauche.

L'Impératrice fut justement affectée de voir le gouverneur de Paris tenir une conduite aussi opposée aux intérêts de la France. Cependant, Elle parut être rassurée sur les intentions du général lorsqu'il lui adressa ces paroles : « *Votre Majesté* » *ne doit nullement douter de mon dévouement. Il* » *lui appartient à un triple titre : Je suis* SOLDAT, » CATHOLIQUE *et* BRETON. »

Traître, parjure et menteur ; cet homme avait déjà toutes les audaces.

Malgré ces protestations de dévouement, le général Palikao adressa, en plein Conseil, des reproches durs à Trochu sur l'acte d'insubordination qui l'avait porté à introduire dans Paris 20,000 hommes prêts à tout coup de main, et qui auraient été mieux devant l'ennemi, contre lequel, d'ailleurs, le gouvernement les avait envoyés et qu'il ne remplacerait pas facilement...

« Tandis que je passe mes nuits à chercher un
» homme ici, s'écria le brave Palikao, un fusil là,
» pour arriver à constituer une armée, vous
» m'enlevez d'un seul coup 20,000 soldats et vous
» compromettez les opérations projetées. »

Le lendemain, Trochu, au moment où le conseil allait se séparer, se lève et dit à l'Impératrice d'un ton de conspirateur :

— Madame, veuillez prier MM. les ministres de ne pas se retirer; j'ai à vous parler ...... devant eux.

— Messieurs, dit l'Impératrice, veuillez vous rasseoir.

Tout le monde s'est assis; tout le monde a tourné les yeux dans la direction du général, qui, debout, dit à la Régente : Je ne suis, Madame, ni un ambitieux ni un traître...

A cette double énonciation, présentée avec pompe et coupée par un silence inquiétant, on se regarde ... et on attend...

Nouvelle pause; aiguillonnement plus vif de la curiosité, à laquelle se mêle un commencement d'impatience chez la Régente, qui, d'un geste, acquiesce, mais l'encourage à poursuivre.

— Madame, réitère-t-il, je ne ...

Nous vous en croyons, interrompt M. Rouher, passez... Quant à n'être pas un ambitieux, cela constituerait un tort grave pour vous à nos yeux, car jamais époque n'exigea plus d'ambition, d'ambition généreuse chez le gouverneur de Paris : l'ambition de protéger la capitale et de sauvegarder les institutions... Quant à n'être pas un traitre, ce n'est que le devoir strict du dernier des honnêtes gens ; mais que désirez-vous nous faire connaître?..... Parlez vite!..... Nos moments sont précieux...

— Madame, je ne suis pas un ambitieux, mais j'ai onze enfants à ma charge, je suis sans fortune et ne possède que cent francs de rente, j'ai besoin d'argent pour mon équipement, et je vous demande d'avance 20,000 fr....., car 20,000 fr. suffiront à mon traitement, c'est assez pour moi, je suis modeste, je ne tiens pas à ces traitements *scandaleux* dont l'Empire a donné le triste exemple! Oui, l'Empire a donné l'exemple de traitements scandaleux et ...

— Général, s'écria le ministre de la guerre, que signifie tout ce verbiage? Pourquoi entretenir la Régente et le conseil des ministres d'une question ... de solde! Passez tout-à-l'heure à la caisse, vous toucherez votre avance ; quel que soit le traitement du gouverneur de Paris, il vous sera payé... Vraiment, général, vous poussez loin le droit d'intervenir dans les délibérations du Conseil... Pardon, Madame ! Levons-nous, Messieurs (1) !

Avant d'arriver à la journée du 4 Septembre, dans laquelle le général Trochu joua un rôle si odieux, rapportons encore un fait, pris entre mille, qui montre combien le général Trochu avait su fatiguer tout le monde par l'emphase doctorale de son langage et par l'étalage bruyant de ses sentiments, qu'il déclamait sur un ton plein de lyrisme :

« Un jour, le général, tout botté, poudreux, —
» entre au Conseil et, de but en blanc, interrom-
» pant la gravité des débats, troublant des préoc-
» cupations qui ne pouvaient guère se rasséréner
» au contact de l'élément grotesque qu'il appor-
» tait, il s'écrie, s'adressant à l'Impératrice :

» — Madame, je viens de visiter les gardes na-
» tionaux aux remparts ; *je les ai préparés à la*
» *mort* ; je leur ai parlé des *attitudes tragiques* que
» l'on doit *prendre devant le trépas*, etc., etc.

» Depuis longtemps excédée, mais jusqu'alors
» maîtresse des ardeurs de son tempérament,
» l'Impératrice ne peut, à cette tirade, se contenir
» davantage, elle se lève et lui dit :

(1) *L'Impératrice et le 4 Septembre*, par Edouard Bouscatel.

» — Eh! général, il s'agit bien de cela!... *Des
» attitudes tragiques*, qu'est-ce que c'est que cela?
» Mais, général, on meurt comme on peut! On
» meurt comme on est! On meurt comme on
» doit... Qu'importe, dès que c'est pour le Pays
» que l'on se fait tuer?

» — Madame, murmura M. Henri Chevreau, en
» se penchant vers la Souveraine, il ne vous par-
» donnera jamais (1). »

En effet, il ne devait pas pardonner!

Le 4 septembre, dès le matin, l'émeute grondait sourdement dans Paris; le Corps législatif était envahi et une foule féroce et avinée demandait la déchéance de l'Empire. Dans ce moment de suprême danger, M. Henri Chevreau, type admirable de dévouement et d'abnégation, se rend auprès du général Trochu et lui montre l'Impératrice atteinte par tant de coups à la fois, comme Souveraine, comme Française, comme femme, comme mère, comme épouse. M. Chevreau le supplie de se rendre auprès de Sa Majesté! Elle vous attend, Elle vous appelle, Elle a besoin de vous! Venez...

— *C'est que*, répondit textuellement le gouverneur de Paris, *j'arrive de visiter les camps ..., je suis fatigué ..., je n'ai pas encore dîné...*

Mais ... j'irai ... j'irai ...

---

(1) *L'Impératrice et le 4 Septembre*, par Ed. Bouscatel.

M. Trochu n'alla pas aux Tuileries, dîna copieusement et coucha fort tranquillement au Louvre, à quelques pas de sa Souveraine en proie à de mortelles angoisses.

« ... Eh bien ! devait s'écrier Mᵉ Grandperret
» dans un procès célèbre; eh bien ! M. le gé-
» néral Trochu, où était-il? il avait promis
» beaucoup; mais qu'a-t-il fait? il avait dit : Je
» me ferai tuer sur les marches du trône. Vous
» avez entendu MM. Magne, Busson-Billaut,
» Rouher, le comte de Palikao : tous ont affirmé
» les protestations du général Trochu. Et ces
» protestations solennelles, qui s'adressaient à la
» femme alors qu'elle avait encore la majesté du
» rang, elles étaient oubliées lorsqu'il ne lui res-
» tait plus que la majesté du malheur... M. Tro-
» chu ne parut plus aux Tuileries; il n'y parut
» plus, mais il paraîtra à l'Hôtel-de-Ville. Il passe
» deux fois à la porte des Tuileries; il les côtoie,
» comme il a été dit dans la lettre douloureuse
» de l'Impératrice à la princesse Anna Murat,
» mais il n'entre pas. Il avait dit au général
» Schmitz d'y aller. Oui, M. le général Schmitz
» y est allé à trois heures et demie; mais il
» s'est arrêté à la porte. Il est revenu au Louvre;
» et savez-vous ce qu'il a fait dire à l'Impéra-
» trice?

« Madame, je mets à votre disposition un capi-

» taine de gardes mobiles *avec son uniforme;* il
» pourra vous être utile. »

» Voilà ce qu'ils ont fait pour l'Impératrice...

» M. le général Trochu revient du pont de Sol-
» férino; il passe encore devant le guichet de
» l'Empereur. A ce moment, il ne sait rien de
» l'intérieur du palais; il y a là une femme qui a
» le droit de l'attendre, qu'il a promis de défendre;
» il passe... Eh bien ! Messieurs, il ne s'agit pas
» ici d'opinion politique, il s'agit de sentiments
» qui sont l'honneur même et qui planent au-
» dessus des préférences politiques.

» Cette femme qui était là, c'était une femme en
» qui se personnifiait une grande infortune, un
» grand péril, une grande et noble chute; une
» femme frappée trois fois, on vous l'a dit, trois
» fois sacrée, et il a été donné à un homme de
» pouvoir la protéger; alors même qu'il n'y aurait
» pas eu promesse solennelle, c'eût été son impé-
» rieux devoir. Ni promesse ni devoir n'ont été
» tenus.

» Oh! Messieurs! c'est là un de ces abandons
» dont l'histoire garde le souvenir! Vous avez
» entendu donner des explications; mais il y a
» quelque chose qui ne peut pas être changé : ce
» qui restera, c'est ce passage subit d'un camp
» dans un autre, sans autre intervalle que le
» temps nécessaire pour voir briser un trône.

» Je ne veux pas dire que M. le général Trochu
» eût dû briser son épée. Non : cette épée, il eût
» mieux valu, pour lui et pour la France, qu'il
» l'employât sur les champs de bataille. Mais dans
» cette révolution si brusque, qui fait que le gou-
» verneur de Paris promettait le matin de dé-
» fendre l'Impératrice, et se trouvait le soir chef
» du gouvernement révolutionnaire, il y a dans
» la même journée une transformation de pou-
» voirs dont l'histoire n'offre pas d'exemple. »

L'histoire de cette rare figure de traître ne s'arrête pas là. Après avoir trahi l'Empire, il devait trahir la France.

Dès le lendemain de cette honteuse journée du 4 Septembre, qui fut témoin du plus grand crime que nos annales auront jamais à enregistrer, Trochu fit placarder sur les murs de Paris la proclamation suivante :

« Français,

» Le peuple *a devancé* la Chambre qui hésitait.
» Pour sauver la Patrie en danger, il a demandé
» la république. Le pouvoir personnel n'est plus,
» la nation tout entière reprend ses droits et ses
» armes. Elle se lève, prête à mourir pour la dé-
» fense du sol. Vous lui avez rendu son âme, que
» le *despotisme* étouffait.....

» Quand un général a compromis son comman-

» dement, on le lui enlève. Quand un gouverne-
» nement a mis en péril, par ses fautes, le salut
» de la Patrie, on le destitue. C'est ce que la *France*
» vient de faire. En abolissant la dynastie qui *est*
» *responsable de nos malheurs*, elle a accompli
» d'abord à la face du monde un grand acte de
» justice. Elle a exécuté l'arrêt que *toutes nos*
» *consciences* avaient rendu.

» Elle a fait, en même temps, un grand acte de
» salut.

» Les fonctionnaires sont déliés de leur serment.

» Le serment est aboli.

» TROCHU. »

Lorsque Paris fut complètement bloqué par l'ennemi, Trochu disposait de 120,000 hommes de troupes régulières, de 80,000 mobiles et de 330,000 gardes nationaux.

Qu'a-t-il fait de cette armée de 530,000 hommes? Comment a-t-il employé ces forces trois fois plus considérables que celles dont Bazaine pouvait disposer à Metz? — Il a capitulé, après nous avoir amusés pendant quatre mois avec *son plan*. Du moins, non, il n'a pas osé capituler, car ce discoureur présomptueux et incapable avait affirmé dans une proclamation (8 janvier 1871) « que le gouverneur de Paris ne capitulerait jamais. »

Il ne sut pas avoir le courage de ses actes. Le 22 janvier, il offrit sa démission, et le 26, le brave général Vinoy fut obligé de signer la capitulation, déguisée sous le nom d'armistice.

Avec une inconcevable inertie, Trochu avait paralysé toutes les ressources que pouvait lui donner l'héroïsme de son armée, qui lui prodiguait follement et son enthousiasme et son courage. Il a été parfaitement établi que, dans les deux premiers mois du siége de Paris, alors que les Prussiens n'avaient point encore établi une triple ligne d'investissement, M. Trochu aurait pu facilement opérer une sortie générale et donner la main soit à l'armée du Nord, soit à l'armée de la Loire.

On est donc bien en droit de dire que, par son inaction, son manque d'énergie et d'initiative, le gouverneur de Paris a compromis, dès le commencement du siége, le succès des armées dont il avait le commandement, ainsi que le résultat heureux qui pouvait en être la conséquence.

Oh! oui, tout est fini pour les hommes du 4 Septembre. Après la honteuse capitulation de Paris, ils pouvaient s'écrier, la main sur la conscience : « Tout est perdu pour nous, surtout l'honneur! »

M. Trochu, qui a contribué pour une si grande part aux désastres de son Pays, eut quand même l'audace incroyable d'accepter plusieurs candidatures aux élections du 8 février 1871. Il fut élu. Grâce à la longue interruption des communications entre Paris et la province, le triste rôle que ce grand ambitieux, ce grand incapable, avait joué pendant le siège de Paris, n'était pas encore connu dans les départements. Il en profita donc.

Mais bientôt la presse de toutes nuances l'attaqua avec violence. Le journal *le Figaro* se distingua entre tous : il le traita de « tartufe coiffé du casque de Mangin. » M. Trochu, se drapant dans son superbe orgueil, demanda satisfaction au jury.

Bien lui en prit, car là, en pleine cour d'assises, la honteuse conduite du général fut dévoilée dans ses moindres détails. M° Grandperret, que nous avons cité, et M° Lachaud flagellèrent publiquement cet homme audacieux, qui ne craignait point de venir étaler aux yeux du monde entier le scandale de ses forfaitures.

Ecoutons M° Lachaud :

« ..... Ah! il n'y a pas d'opinion qui conduise
» au parjure. A propos de la lettre du général
» Trochu au *Temps*, M. Schneider a pris la parole
» et lui a demandé ce qu'il ferait pour résister à
» l'émeute. Vous connaissez, Messieurs, la ré-
» ponse du général Trochu. — Il n'y a pas ici à
» équivoquer. Vous avez dit, général, que vous
» feriez votre devoir. — Cela n'a pas suffi. Un
» autre ministre vous a pressé en vous disant :
« Votre devoir, sans doute, mais lequel? » et vous
» avez répondu : « Je me ferai tuer. »

» Ce sont des mots qui s'enregistrent, ce sont
» des mots qui vivent, ce sont des mots qui vous
» accompagneront dans l'histoire ; des mots que
» tous les efforts et toutes les décisions judiciaires
» ne pourront effacer : *Je me ferai tuer !*

» Est-ce que c'est une seule fois que vous avez
» parlé ainsi ?

» Est-ce que, le lendemain, vous n'avez pas fait
» des protestations plus accentuées et plus éner-
» giques ?

» Est-ce qu'à de nouvelles observations vous
» n'avez pas répondu cette phrase stéréotypée
» dans toutes les déclarations : *Madame, je me*
» *ferai tuer, s'il le faut, sur les marches du Corps*
» *législatif, et pour Votre Majesté, sur le seuil des*
» *Tuileries ?* Voilà ce que vous avez dit. Ce n'est
» pas tout encore, et, avec cette éloquente parole,
» à laquelle je suis le premier à rendre hommage,
» vous avez dit, pour fixer davantage la constance
» qu'on devait avoir en vous, à cette femme im-
» pressionnable et malheureuse : *Je suis soldat,*
» *catholique et Breton, je me ferai tuer pour Votre*
» *Majesté.* Le mot a été dit, et bien dit. Hier, vous
» n'avez pas pu le retirer du débat. Il n'y a pas
» de témoin qui l'ait entendu, et cependant vous
» ne direz pas qu'il n'est pas vrai.

» Ah ! c'est ici que je suis à mon aise en ce qui
» concerne l'Impératrice. Ce n'est pas de la sou-

» veraine que je parle, c'est de la femme. L'Em-
» pire est tombé; s'il se relève jamais, ce qui est
» dans le secret de Dieu, *sa dernière heure a été
» une heure de gloire*, au milieu de nos douleurs,
» pour la femme qui le représentait à Paris.

» Vous le savez bien, général Trochu, et vous
» l'avez dit : *Jamais concert d'éloges n'a plus no-
» blement entouré la malheureuse femme qui allait
» quitter la France.* Ici tous les témoins sont
» unanimes; et, dans nos désastres, c'est une
» consolation pour elle et pour la France.

» L'Impératrice a songé au Pays avant de son-
» ger à sa dynastie; c'est cette femme, à laquelle
» vous aviez juré fidélité, que vous avez aban-
» donnée. Oui, vous l'avez abandonnée. . . .
» . . . .
» Qu'on appelle cela du nom qu'on voudra : vous
» avez dîné, vous avez dormi, vous vous êtes re-
» posé, et vous avez laissé mourir dans l'agonie
» une pauvre femme qui n'avait d'espoir qu'en
» vous!

» Voilà la vérité, voilà ce que dira l'histoire (1). »

Le jury condamna MM. Vitu et de Villemessant pour outrage, mais repoussa la diffamation. (Mars 1872.)

« Quand on fera l'autopsie de M. Trochu, écri-

(1) Discours de M⁰ Lachaud. Procès du général Trochu contre le *Figaro*.

» vait le spirituel chroniqueur de l'*Ordre*, M. Jules
» Richard, on découvrira qu'il est fou depuis
» l'année 1864, — et que c'est en qualité de fou et
» non de général illustre qu'il avait excité à un si
» haut degré la confiance de M. Jules Favre et de
» ses amis au mois d'août 1870. Malheureusement
» pour M. Trochu, on n'en est pas encore à faire
» son autopsie, ni à écrire son oraison funèbre,
» et l'infortuné général entasse écrits sur écrits
» pour démontrer qu'il a défendu et rendu Paris
» selon les règles de l'art militaire et de la poli-
» tique..... Cependant, l'histoire du général est
» bien simple.

» Il a dit que la défense de Paris était une hé-
» roïque folie, et il a commandé la défense de
» Paris. — Il a dit que le gouverneur de Paris
» ne capitulerait pas, et il s'est retiré, volontaire-
» ment ou involontairement, du commandement
» la veille de la capitulation.

» Donc tout ce qu'il dira pour s'excuser n'y fera
» rien. — Il a présidé sciemment à une héroïque
» folie, il a laissé le commandement dans un mo-
» ment où il n'y avait plus autre chose à faire
» qu'à capituler.

» Le 4 Septembre ..... je ne le lui reproche pas
» — qu'il règle cette journée avec sa conscience,
» — soldat, il a cru que son devoir n'était pas
» modifié par le changement de gouvernement;

» il s'est souvenu qu'il était Français et se devait
» avant tout à la défense du Pays ; comme catho-
» lique, il a élevé son âme au-dessus des préjugés
» populaires ; j'admets tout cela ; la France était
» ce jour-là représentée par l'émeute, il a obéi à
» l'émeute. Je ne fais pas de sentiment ici, je fais
» du bon sens, et je crois que personne ne me
» démentira lorsque j'aurai dit que si MM. Trochu,
» Gambetta et autres gens du 4 Septembre avaient
» repoussé l'étranger et rendu la victoire à nos
» drapeaux, nous serions à leurs pieds.

» Mais le 4 Septembre n'a fait qu'élargir le
» gouffre où s'engloutissait la France. — Mais ses
» héros restent debout, sans crainte et sans re-
» mords, sur les ruines qu'ils ont faites ; pas un
» encore n'a consenti à dire qu'il s'était trompé,
» pas un encore n'a fait amende honorable ; tous,
» au contraire, se drapent dans leur infamie. »

M. Trochu comprit enfin qu'il n'avait plus rien à attendre de ses concitoyens que le mépris qui s'attache à tout homme qui a spéculé avec l'honneur ; il donna sa démission de député, et quelque temps après se retira du conseil général du Morbihan.

Général avant la guerre, estimé de ses collègues malgré ses défauts de caractère et son épouvantable habitude de se mettre toujours en scène, jouissant d'une popularité qu'il devait encore plus à ses écrits et à ses discours qu'à ses services, bien qu'ils fussent honorables ; — aujourd'hui qu'est-il ?

Rien...; il est en retraite; échoué sur sa vanité, il essaie de temps en temps de rappeler à lui l'opinion publique, — et s'il se repent de quelque chose, c'est d'avoir demandé sa retraite et donné sa démission de député. Il se figurait que l'Europe et le monde entier avaient les yeux sur lui, qu'on le retiendrait de force sur la scène politique; aujourd'hui, l'indifférence de ses contemporains l'obsède, le fatigue et le tue. Il écrit..., il écrit qu'il est un grand homme, que sa gloire est la gloire de la France, qu'il est l'homme le plus pur et le plus instruit, qu'on le lui a dit..., et il croit ce qu'il écrit..., et il espère que, le lendemain de l'apparition de l'un de ses livres, l'Europe se réveillera et le rappellera sur la scène du monde.

« Mais il en portera la peine dans la postérité,
» ce général amateur de popularité, ce général
» écrivassier, flatteur de la foule, dont le nom re-
» tentissait, que l'on disait devoir tout sauver,
» être plus capable que tout autre, quoiqu'il n'eût
» jamais commandé un corps, dirigé une armée,
» gagné une bataille ! Mais telle est la plèbe. Ce-
» lui-là était grand à ses yeux qui n'avait rien
» fait, et le général de Palikao, on le considérait à
» peine, lui vainqueur en Chine et qui, en quinze

» jours, avait organisé et accompli tant de travaux
» pour la défense de Paris !

» Elle dira, l'histoire, ce que fut, ce que fit ce
» général Trochu pactisant avec la gauche, ne dé-
» fendant pas les accès de la Chambre, quand deux
» régiments de cavalerie eussent refoulé bien loin
» la populace, invoquant au contraire le concours
» de la *garde nationale*, cette molle et inepte mi-
» lice, qui laissa en 1848 tomber son roi, et qui
» de même, en 1870, a ouvert ses rangs et laissé
» passer les flots des bandits de la Villette et de
» Belleville! et, pour terminer, lui qui avait juré
» à l'Impératrice de défendre Paris, il le livre à
» une poignée de sophistes, de rhéteurs et de folli-
» culaires, se met à leur suite et accepte de signer
» son nom sur la même feuille qu'un Rochefort.

» . . . .
» . . . .

» Il a trahi l'Empire, il a été incapable, hypo-
» crite, vantard, fanfaron, bavard, impuissant,
» sans idée; avant la fin, il s'est éloigné du com-
» bat, et a déclaré à ses complices que le dénoue-
» ment ne le regardait pas ; et il vient tranquille-
» ment aujourd'hui annoncer qu'il se retire et va
» jouir du repos de la solitude dans une retraite
» paisible, comme un bon bourgeois qui a fait
» fortune, ou comme Judas qui, si l'on en croit
» M. Renan, est allé finir ses jours limpides dans

» son champ d'Haceldama, *le champ du sang!* Par
» tous ses actes, après sa trahison, qui l'a allié à
» la bande dont il est devenu le capitaine, il nous
» a jetés dans d'ineffaçables désastres, et, quand
» lui nous poussant, nous avons roulé dans l'a-
» bîme, il regarde du bord, et dit : « C'est fini! je
» n'ai plus rien à faire! je m'en vais! »

» Vraiment, cela est trop facile! cette nation
» n'a-t-elle donc plus de sang, qu'elle ne se lève
» pas, et ne lui crie pas, indignée : « Reste là,
» misérable! jusqu'à ce que tu sois jugé, con-
» damné et publiquement flétri (1)! »

(2) Eugène Loudun, *Journal d'un Parisien*. — Lachaud et Burdin, éditeurs.

JULES FAVRE.

C'est un travail assez malpropre d'avoir à raconter la vie publique de cette écœurante personnalité ; mais il faut bien qu'ils soient connus, tous ces grands prophètes de la république.

Favre (Jules-Claude-Gabriel) est né à Lyon le 21 mars 1809. Il prit une part active à la révolution de Juillet, et fut un des premiers à réclamer l'abolition de la royauté.

Lors de la révolution de février 1848, M. J. Favre, qui s'était fait constamment remarquer par ses idées avancées, fut nommé secrétaire général du ministère de l'intérieur, place qu'il devait bientôt quitter pour siéger à l'Assemblée constituante, où l'envoya le département de la Loire.

Après l'élection du 10 décembre, M. J. Favre commença contre le Prince-Président cette opposition violente qu'il continua plus tard contre l'Empereur, sans jamais se préoccuper des intérêts du Pays.

Le coup d'Etat du 2 décembre l'écarta pour quelques années de la vie politique.

Il reparut en 1858; dans une élection partielle, les électeurs de la Seine l'envoyèrent au Corps législatif. Peu de temps avant, son nom avait eu un certain retentissement à propos de l'affaire Orsini; il avait accepté la défense de ce misérable.

Au Corps législatif, M. J. Favre fit naturellement partie de ce noyau d'opposition qui avait nom *les cinq*, et dont la mission, peu patriotique du reste, était de combattre, sans exception, toutes les propositions ou amendements présentés au nom du gouvernement.

A propos de la guerre du Mexique, de la question romaine et des évènements qui précédèrent la guerre avec la Prusse, J. Favre devint d'une violence inouïe au sujet de la politique suivie par le gouvernement impérial, et se fit, à diverses reprises, rappeler à l'ordre.

Lors de la discussion sur la réorganisation de l'armée, il n'hésita pas à prononcer, à la Chambre, les paroles suivantes :

« On nous dit qu'il faut que la France soit ar-
» mée comme ses voisins; que sa sécurité est
» attachée à ce qu'elle soit *embastionnée, cuirassée;*
» qu'elle ait dans ses magasins des monceaux de
» poudre et de mitraille; que, sans cela, elle est
» exposée à périr. Ma *conscience* proteste (la
» conscience de J. Favre!) contre de semblables
» propositions.

» Tout cela, c'est de l'ancienne politique ; c'est
» de la politique de haine ; ce n'est pas de la poli-
» tique d'expansion, *d'abandon.* »

O homme fatal et criminel ! »

Dans les derniers mois de l'Empire, cet avocat, qui filtre des larmes de crocodile lorsqu'il ne distille pas du venin, toujours à la recherche d'une popularité malsaine, devint le chef le plus incontesté de cette fraction de la gauche dont la devise semblait être : *Périsse la France pourvu que l'Empire succombe.*

Après avoir combattu les projets de guerre contre l'Allemagne, M. J. Favre, aussitôt les premières opérations commencées, réclama avec instance l'armement immédiat des gardes nationales. En cas de revers pour notre armée, il prévoyait déjà tout ce que la révolution pourrait tirer de ces légions indisciplinées.

Cependant, le 25 août 1870, voulant probablement déguiser ses sinistres projets, il s'écriait du haut de la tribune :

« Celui qui guetterait la défaite pour asseoir sur
» les ruines nationales les bases de ses espérances,
» celui-là serait un citoyen qui devrait être trois
» fois maudit. »

Mais, à la dernière séance du Corps législatif, M. Jules Favre, dont l'audace était accrue par la mollesse et l'inertie du ministère, ne connut plus

de bornes : — « Et Mac-Mahon, s'écriait-il. Et
» l'Empereur, où est-il ? *Je veux* (!!!) que le
» temps des complaisances cesse... L'Empereur
» communique-t-il avec ses ministres ? Leur
» donne-t-il des ordres? — Non, répondit le géné-
» ral Palikao, l'Empereur ne donne plus d'ordres.
» — Alors, riposta J. Favre, le gouvernement de
» fait a cessé d'exister.

» Oui! le gouvernement de fait a cessé d'exis-
» ter! que la France et la ville de Paris, directe-
» ment menacée, unies par une étroite solidarité,
» décidées à ne déposer les armes que lorsque
» l'ennemi sera chassé du territoire, avise par elle-
» même. Que tous les partis s'effacent devant un
» nom représentant la France, représentant Paris,
» un nom militaire, le nom d'un homme qui
» vienne prendre la défense de la Patrie. Ce nom,
» ce nom cher et aimé, il doit être substitué à
» tout autre, tous doivent s'effacer devant celui-là,
» ainsi que ce fantôme de gouvernement... *Voilà*
» *mon vœu*, je l'exprime en face de mon Pays, que
» mon Pays l'entende. »

Il suffisait, ce semble, que le ministre de la
guerre l'eût entendu, *ce vœu, ce vœu séditieux*,
pour que son auteur ne fût plus, de sitôt au moins,
à même d'en proférer d'autres (1)...

(1) *L'Impératrice et le 4 Septembre*, par Edouard Bouscatel.
— Amyot, éditeur.

C'est dans cette même séance que J. Favre, sans tenir compte de la disposition de la Chambre et sans respect pour ses décisions antérieures, lut et déposa sur le bureau la motion suivante :

« Art. 1er. Louis-Napoléon Bonaparte et sa dy-
» nastie sont déclarés déchus des pouvoirs que
» leur a conférés la Constitution. »

Dans cette courte étude nous ne pouvons raconter dans tous ses détails la conduite infâme que ce tribun déclassé a tenue dans la criminelle journée du 4 Septembre.

Mais il nous reste à étudier ce qu'on pourrait appeler la seconde partie de la vie publique du citoyen J. Favre. Elle n'est ni moins intéressante, ni moins odieuse que la première partie.

L'Empire renversé, M. J. Favre devint vice-président du gouvernement insurrectionnel et ministre des affaires étrangères.

Après le complet investissement de la capitale, J. Favre, dans une proclamation restée célèbre, déclara que le gouvernement de la soi-disant Défense nationale entendait traiter avec l'ennemi sans qu'il en coûte à la France « ni un pouce de son territoire, ni une pierre de ses forteresses. »

Malgré cette phrase arrogante, il n'en fit pas moins, quelqus jours après (18 septembre 1870), une démarche auprès de M. de Bismarck pour essayer d'arrêter les conséquences d'une lutte acharnée. On se rappelle quelle triste figure ce négociateur de parade fit en présence du chancelier du nouvel empire allemand.

M. J. Favre avoue lui-même le ridicule dont il s'est couvert en cette occasion, dans son livre intitulé : *le Gouvernement de la Défense nationale:*

« Lors de l'entrevue de Ferrières, le 18 septem-
» bre, M. de Bismarck lui dit : — Strasbourg est
» une menace perpétuelle contre l'Allemagne,
» c'est la clef de notre maison, nous la voulons. —
» Mais, s'écria M. J. Favre, c'est l'Alsace et la
» Lorraine ! — Non, répliqua M. de Bismarck, je
» n'ai pas parlé de la Lorraine ; mais quant à
» l'Alsace, nous la regardons comme indispensable
» à notre défense. »

Ainsi, à ce moment, dix-huit jours après Sedan, et Paris étant assiégé, les Prussiens ne réclamaient qu'*une* province ; grâce au refus du gouvernement du 4 Septembre, nous en avons perdu deux.

Aux exigences de M. de Bismarck, J. Favre ne sut répondre que par des larmes !... J. Favre pleura ! — Ce farouche adversaire de l'Empire, ce foudre d'éloquence, ce terrible champion de la république, en fait d'arguments propres à désarmer ou à attendrir notre cruel ennemi, il lui offrit des pleurs ... les pleurs de J. Favre !...

Naturellement, cette manière d'entrer en négociations eut le résultat qu'on devait en attendre. Le vice-président du gouvernement rentra à Paris, un peu plus ridicule qu'il en était sorti, et rengaînant son émotion de parade, il se mit, à grand renfort d'éloquence, à prêcher la guerre à outrance.

Malgré la piteuse mine que J. Favre avait faite devant le prince de Bismarck, il n'en essaya pas moins, à plusieurs reprises, de renouer des négociations avec l'ennemi.

Ses ouvertures furent constamment repoussées, mais, le 24 janvier 1871, la capitale, menacée de la famine par suite de l'incurie du citoyen Magnin, qui avait gaspillé les provisions entassées dans Paris par l'activité et le dévouement de ce malheureux Clément Duvernois, fut contrainte de cesser toute résistance.

M. J. Favre se rendit à Versailles pour discuter avec M. de Bismarck les conditions de la capitulation, et, le 28 janvier, il signait la reddition de Paris, qui portait en outre une suspension d'armes entre les armées belligérantes; encore dans cette circonstance, l'incurie de ce négociateur fut telle, qu'il *oublia* de notifier les stipulations de cette convention à la délégation du gouvernement siégeant à Bordeaux, et cet oubli criminel fut l'unique cause des désastres de la malheureuse armée de Bourbaki.

Malgré l'incapacité notoire dont J. Favre avait donné tant de preuves, M. Thiers (qui n'y regardait pas de si près) le conserva au ministère des affaires étrangères. Il quitta ce poste le 2 août 1871, renversé par la coalition des honnêtes gens. Quelques jours après, il fit sa rentrée au palais comme avocat.

C'est toujours avec un profond dégoût qu'on aborde, dans une biographie, ce qui touche à la vie privée d'un homme. Ici, le scandale de ses fautes est si intimement lié à sa vie publique, que nous sommes forcément amené à parler du scandaleux procès Laluyé, où J. Favre se montra sous son véritable jour.

Sous des dehors vertueux, J. Favre, depuis de longues années, traînait une vie deshonorée.

Avec un art abominable il avait su, au profit de ses passions, *altérer, fausser* des registres de l'état civil, et jeter le trouble dans *la famille* après l'avoir souillée.

Millière, dont il s'était aliéné l'amitié, s'est chargé de révéler l'odieux de sa conduite.

Le dégoût nous prend à la gorge, mais il faut que la scélératesse de cet homme, qui se fit si longtemps passer pour austère, soit connue.

Le 5 février 1871, au club de la Reine-Blanche, à Montmartre, Millière monte à la tribune, et voilà les paroles qu'il prononça et que nous empruntons au *Journal des Débats :*

« Citoyens, je me retire, car je ne suis pas en
» sûreté. Ce n'est pas que je craigne d'être traîné
» dans les prisons de l'Empire. Non ! mais je re-
» doute les perquisitions. (Mouvement de curiosité.)
» J'ai entre les mains des pièces d'une importance
» extraordinaire. (Cris : lisez-les ! lisez-les !) Je ne
» les ai point sur moi, mais — et c'est ce qui
» explique l'acharnement avec lequel certaines
» gens s'efforcent de me déshonorer, — j'ai la
» preuve que... (Mouvement d'ardente curiosité)
» que J. Favre n'est qu'un forçat non-libéré.
» (Applaudissements frénétiques. — Cris : ça doit
» être vrai ! il nous a vendus.) »

Voici les faits en quelques mots : M. J. Favre
vivait en concubinage avec une femme mariée, il
en avait eu des enfants qui portaient son nom.
Suivant de fausses déclarations, le mari de cette
femme était mort, et, pour régulariser sa position,
M. J. Favre avait épousé la veuve.

Il n'en était rien, cette femme n'était point
veuve...

Mais ce n'est pas tout.

Le journal *le Vengeur* fit connaître que, dans
divers actes de l'état civil, J. Favre avait déclaré,
1° qu'en 1855, une fille était née de *lui* et de son
épouse Jeanne Charmont; or, Jeanne Charmont,
sa soi-disant épouse, était mariée depuis 1839 à
un M. Vernier.

2° En 1845, il signe en qualité de témoin de la naissance d'une fille, née de Jeanne Charmont et de père non dénommé ; le père, M. Vernier, vivait, et par conséquent ne pouvait pas ne pas être nommé.

3° En 1849, il déclare un fils né de lui et de Jeanne Charmont, non mariés.

4° Dans l'acte de mariage de sa fille, en 1867, il la déclare née de lui et de Jeanne Charmont, dont l'*existence est ignorée*, alors qu'elle vivait depuis plus de vingt ans dans sa maison, où elle portait le nom de madame J. Favre.

5° Dans l'acte de décès de Jeanne Charmont, en 1870, elle est dénommée sous son vrai nom : *femme Vernier*, mais la lettre de faire-part pour son enterrement l'appelle madame J. Favre.

Enfin une série de diverses pièces qui montre J. Favre profitant de sa position équivoque et immorale pour se faire donner la riche succession d'un M. Odiot. . . . .

Ecoutons maintenant la confession de M. J. Favre : « Je souffre cruellement, Messieurs, je n'ai
» pas besoin de vous le dire. Je vais vous faire
» ma confession, Messieurs, et j'y suis contraint
» par un homme qui avait tous mes secrets, auquel je n'ai rien caché, par un ami, enfin ! C'est
» lui qui a cherché le moyen de me déshonorer,
» qui a voulu déshonorer les objets si chers de

4

» mon affection !....... Je connaissais bien la per-
» versité de cet homme (pourquoi en aviez-vous
» fait votre ami, alors?), mais je ne croyais pas
» qu'elle pût aller aussi loin.

» Je vais, je vous l'ai dit, Messieurs, vous faire
» ma confession, je parlerai devant vous, Mes-
» sieurs les jurés, comme je parlerais devant
» Dieu » (hypocrite!). — J. Favre est blême, sa
parole est saccadée, coupée de hoquets; sa tête est
hideuse.

« C'est vrai, reprend J. Favre, il y a plus de
» trente ans ! j'étais jeune, j'ai connu une femme
» qui était séparée de son mari, je l'ai aimée pas-
» sionnément. Nous avons passé quinze ans dans
» une retraite absolue, bien que je fusse déjà un
» avocat commençant à être connu, et que j'eusse
» conquis au palais quelques amitiés dont je m'ho-
» nore. Ma maison était fermée, et je savais que
» si j'obéissais au courant de mon cœur, il y avait
» dans ma situation quelque chose d'irrégulier
» (il l'avoue).

» J'en ai cruellement souffert, et plus cruelle-
» ment encore celle à laquelle Dieu a fait la grâce
» de l'enlever de ce monde, pour la soustraire aux
» infamies dont je suis aujourd'hui la victime. »
Ici J. Favre lève les yeux au ciel, porte la main
à son cœur et s'affaisse... (On rit.)

« Nous vivions donc ainsi, louant chaque été

» une maison de campagne, dans un complet iso-
» lement.

» Cependant la vie publique vint à moi, ce n'est
» pas moi qui ai été à elle (éclats de rire); je con-
» tinuais d'aimer avec passion ma profession, et
» je l'aime encore. Je n'y ai jamais cherché que
» le moyen d'y rendre des services, et, aujour-
» d'hui que je suis près de ma fin, je déclare que
» volontairement je n'ai fait de mal à personne.
(Cris partant d'un des bancs de la presse : « Oh!
homme venin! »)

» Un enfant me naquit; ma pauvre amie, lors-
» que je l'ai connue, avait déjà une fille, qui était
» élevée chez son grand-père. Je n'ai pas cru
» qu'elle dût être séparée de sa mère; je l'ai prise
» chez moi, et quand elle s'est mariée, M. Laluyé
» a eu raison de dire que je l'ai appelée ma fille :
» c'est vrai...

» Je n'ai pas voulu reconnaître d'abord mon
» premier enfant; on me donnait ce conseil, non
» pas pour que je pusse lui laisser une grande
» fortune, je suis entré dans ce monde sans for-
» tune et j'en sortirai de même (1), mais que je
» puisse arriver à une adoption.

» Un second enfant arriva, que je reconnus, puis
» un troisième.

(1) Tout le monde sait que M. J. Favre est immensément riche.

» Je commençais à être connu. Les évènements
» politiques arrivèrent, *et ma retraite fut forcée,*
» *bien contre mon gré.* (Murmures nombreux dans
l'auditoire.)

» Je m'étais caché pour me soustraire aux
» poursuites dirigées contre moi, parce que j'avais
» voulu résister à l'illégalité. Mes amis vinrent
» me trouver dans ma retraite. M. Odiot tout le
» premier. Il ne m'était plus possible de rester
» caché. Ma famille, mes amis furent instruits de
» ma situation; elle devenait difficile. Ma pauvre
» amie me dit : Pour nos enfants surtout, pour
» leur avenir, il faut nous quitter ou vivre tout-à-
» fait ensemble.

» Nous vivions à Rueil, aimés et honorés, sur-
» tout celle que j'aimais et qui répandait partout
» ses bienfaits; il fallut prendre une décision, et
» *je reconnais que j'ai été coupable. J'ai présenté*
» *mon enfant à l'officier de l'état civil avec l'indi-*
» *cation de sa paternité.*

» J'AVAIS PERDU LA TÊTE ; ET QUAND CET ENFANT
» *fut baptisé, ses père et mère furent désignés*
» *comme mariés.* »

Voilà donc J. Favre qui se déclare lui-même un *faussaire !...*

Nous arrêterons là l'extrait de la confession de l'ancien ministre des affaires étrangères du gouvernement de la Défense nationale. Du commencement à la fin, c'est un long et habile déguisement de la vérité, dans lequel est peint tout entier ce triste et repoussant personnage.

Toujours à propos de ce déplorable procès, l'avocat général Hémard termine ainsi son réquisitoire :

« A côté de M. J. Favre, homme politique, il y
» a l'homme privé ; j'ai gémi avec lui, lorsqu'il a
» fait devant vous ce qu'il a appelé sa confession.
» Hélas ! que ceci serve de leçon à d'autres : il
» s'est humilié devant vous. »

Pour en finir avec les crimes et les lâchetés de cet homme, qui ne fut sauvé du déshonneur que par l'intervention directe de l'Empereur, dont il devint le plus grand insulteur, reproduisons encore la fin de l'éloquent plaidoyer de Mᵉ Jolibois :

« M. J. Favre se plaint de diffamation ! c'est à
» n'y pas croire ! Qui donc, plus que lui, avec un
» redoutable talent, a répandu partout plus d'a-
» mertume et plus de fiel ! Au lendemain du 4 Sep-
« tembre, à peine installé à ce pouvoir si long-
» temps convoité, en face de l'ennemi qui appro-
» chait, que faisait donc ce vice-président du
» gouvernement qu'il appelait gouvernement de la
» Défense nationale, et qui n'a rien défendu, et
» qui a tout compromis et tout perdu ? Il s'inquié-
» tait peu du Prussien, qui allait étreindre et
» prendre notre Paris. Non ! non ! de soins plus

» importants, il était agité : il faisait briser les
» serrures, enfoncer les secrétaires, voler en
» éclats les tiroirs et les bureaux pour y saisir une
» correspondance privée; il nommait une com-
» mission chargée de faire disparaître parmi ces
» papiers audacieusement soustraits toute trace
» de ces demandes humblement présentées par
» tant de démocrates incorruptibles et austères,
» et toujours si généreusement accueillies; il fai-
» sait divulguer les épanchements intimes d'une
» noble femme s'adressant à son mari et à son
» fils; il recommandait de faire publier des notes
» anciennes, abandonnées, reconnues inexactes,
» mais contenant contre des hommes honorables
» des imputations calomnieuses. Et, pour accom-
» plir cette œuvre perverse, il empruntait les
» presses de l'imprimerie nationale; en un mot,
» il élevait la diffamation à la hauteur d'une insti-
» tution. Ah! si je n'avais pour la loi et la justice
» un respect profond et vrai, je vous dirais que
» vous avez perdu le droit de vous plaindre d'une
» diffamation quelconque, et qu'en cette matière
» vous êtes hors la loi, car vous êtes le diffama-
» teur officiel.

» Mais, non, messieurs les jurés, jugez d'après la
» loi, d'après la justice, d'après les inspirations de
» votre conscience. Ne condamnez pas les écrivains
» courageux qui ont défendu, non sans quelque

» danger peut-être, la liberté individuelle ; il est
» bon, dans des temps agités, de ne pas décourager
» ceux qui osent élever la voix. Le titre d'honnête
» homme n'est pas toujours une sauvegarde contre
» les basses dénonciations et les arrestations ar-
» bitraires. »

Après cette plaidoierie vengeresse, M. le président résume les débats et fait observer, en terminant, à messieurs les jurés, qu'ils doivent laisser de côté, comme étranger à l'accusation, tout ce qui concerne la vie privée, et aussi les diverses considérations politiques qui ont été présentées. Heureusement pour J. Favre. . . . .
. . . .

La cour rend un arrêt qui condamne :

Laluyé à un an de prison et mille francs d'amende... Depuis, Laluyé est mort en prison...

Malgré tout, M. J. Favre n'en continua pas moins de siéger à la Chambre, il poussa même l'impudence à soutenir devant l'Assemblée une interpellation sur les agissements des bonapartistes.

Cette scandaleuse incarnation du 4 Septembre pouvait-elle impunément apparaître à la tribune ? Telle est la première question que se posaient les honnêtes gens avec indignation, les autres avec inquiétude. On se demandait ensuite comment la conscience publique supporterait la cynique audace de ce rhéteur venant demander des comptes à un gouvernement. Car J. Favre voulait des comptes.

Des comptes ! lui ! lui qui consacrerait tous les jours qui lui restent à vivre à la confession qu'il ébaucha un jour devant la justice, sans parvenir à épuiser ce lamentable sujet, lui qui n'est intervenu que par des attentats dans tous les milieux de la vie humaine, depuis le foyer domestique qu'il a souillé, jusqu'à la Patrie, qu'il a trahie !

On conçoit que, devant cet homme et à propos de cet homme, toute discussion était impossible. Le dégoût de l'Assemblée allait toujours grandissant, au fur et à mesure que le flot impur de cette venimeuse éloquence descendait de la tribune. On s'est hâté de voter comme on se hâte d'en finir avec un scandale.

Il est bien entendu que nous avons recueilli comme un hommage précieux les invectives que ce triste orateur adressait à notre parti. Il n'aurait plus manqué, en effet, que J. Favre nous infligeât l'estime dont il écrasa M. Thiers! Grâce à Dieu, cette suprême avanie de la part des ennemis de la société nous a été épargnée.

La vie de J. Favre doit être considérée comme une longue conspiration contre l'ordre de choses établi. Sans respect pour la volonté nationale, il rêva pendant dix-huit ans le renversement de l'Empire édifié par le peuple ; toujours le premier à soudoyer une émeute, ne laissant échapper aucune occasion de faire appel aux mauvaises passions, J. Favre, dont les capacités, comme administrateur, comme diplomate et comme homme d'Etat furent nulles, restera dans l'histoire l'une des plus tristes et des plus funestes personnalités de notre époque.

A l'exemple de son ami Trochu, c'est désormais dans l'ombre qu'il doit aller cacher sa honte... Si sa conduite future le mérite, les hommes pourront peut-être l'oublier, mais Dieu seul peut l'absoudre !...

C'est assez... nous ne nous appesantirons pas davantage sur le cynisme révoltant de cet homme. Terminons par le jugement sévère, mais juste, que porte sur lui un éminent écrivain, M. Eugène Loudun :

« Il se peut que, dans un certain idiome, dans
» un monde de convention, faux, frelaté, on lui
» applique encore le nom *d'honnête homme;* mais
» je sais que, dans toutes les langues humaines,
» où l'honnêteté et l'honneur ne se séparent pas de
» la justice et de la conscience, il n'est qu'un mot
» pour désigner les hommes de cet acabit : ils
» s'appellent des *scélérats !* »

(Journal d'un Parisien.)

GAMBETTA.

Gambetta (Léon) est né à Cahors, le 30 octobre 1838, d'une famille d'origine génoise. Après avoir étudié le droit, il se fit inscrire au barreau de Paris, en 1859. Dans les conférences des avocats stagiaires, le jeune Léon se fit remarquer de suite par une éloquence prétentieuse qui lui attira, tout d'abord, peu de sympathie.

Mais bientôt il devait se mettre en vue à propos des élections législatives de 1863; à cette occasion, il s'occupa avec ardeur de politique et prit de suite une place marquée parmi les énergumènes dont le seul et vilain métier était de dénigrer les institutions établies.

En 1868, l'affaire des souscriptions ouvertes par divers journaux, à la suite des manifestations qui eurent lieu au cimetière Montmartre, le 2 décembre, attira l'attention sur ce prétentieux phraseur, qui devint, par ce fait, le demi-dieu des gens de Belleville et de la Villette. Il s'agissait d'élever un monument au représentant Baudin.

Au mois de mars 1869, le procès du journal l'*Emancipation* valut au jeune avocat une tumultueuse ovation; il était venu à Toulouse pour défendre cet organe des nouvelles doctrines.

Enivré de ses succès, Gambetta n'hésita pas, aux élections générales, de se présenter simultanément dans deux départements comme candidat de l'opposition irréconciliable, et profita de la période électorale, pendant laquelle on jouissait, alors, de la plus grande liberté de parole, pour se livrer, dans les clubs, à des violences de langage inouïes.

Elu à Paris et à Marseille, il opta pour cette dernière ville, mais ne put siéger au Corps législatif que quelques mois après son élection; une longue maladie le retint forcément éloigné du théâtre de la politique.

Dans un discours véhément, prononcé le 7 février 1870, M. Gambetta protesta contre l'arrestation de son collègue Rochefort, et le 5 avril de cette même année, il attaqua le ministère avec non moins de violence au sujet du plébiscite.

Après avoir pris une part active aux évènements de la journée du 4 Septembre, M. Gambetta fit naturellement partie du gouvernement de la soi-disant Défense nationale, et *prit* le lendemain possession du portefeuille et de l'hôtel du ministère de l'intérieur.

Il n'est pas sans intérêt de rapporter ici de quelle façon le citoyen Gambetta s'installa à l'hôtel de la place Beauveau :

« Gambetta s'était présenté à l'hôtel du minis-
» tère de l'intérieur, place Beauveau, deux ou
» trois heures environ après l'envahissement de la
» Chambre; il était accompagné de plusieurs de
» ses amis, avides d'une position officielle, et
» parmi ces amis, se trouvaient MM. Ranc et
» Charles Ferry.

» Il n'y avait personne au cabinet du ministre.
» L'huissier introduisit les nouveaux venus avec
» cette docilité proverbiale des garçons de bureau,
» qui assistent impassibles aux changements de
» gouvernement. M. Gambetta prit place aussitôt
» dans le fauteuil encore chaud de M. Chevreau.
» On lui montra l'encre, le papier et les plumes
» du ministre, et, ironiquement peut-être, l'huis-
» sier lui remit aussi le courrier et les dépêches
» qui, depuis le matin, dénonçaient les *manœuvres*
» *révolutionnaires des députés de la gauche* et de
» leurs adhérents.

» Cette première installation faite, Gambetta et
» ses amis ne savaient guère par où commencer
» leurs fonctions, quand arriva fort heureusement
» pour eux un attaché au cabinet de M. Chevreau,
» M. X***, qui offrit aussitôt ses services.

» Qu'êtes vous ici? lui demanda Gambetta.

» — Attaché au cabinet, répondit modestement
M. X***.

» — Je vous fais chef de bureau, répliqua Gam-
» betta, et vous allez me conduire partout dans le
» ministère.

» Et la visite commença, le chef de bureau im-
» provisé marchant devant, suivi de Gambetta en-
» touré, comme un général, de son état-major.
» On entra dans le cabinet de M. Chevreau, frère
» du ministre et son secrétaire. M. Ferry trouva
» le local à son goût et demanda à l'occuper.

» On monta ensuite dans les bureaux de la di-
» vision de la presse. Les employés étaient absents,
» là aussi; un d'eux, cependant, arriva tout
» essoufflé. M. X*** le présenta à Gambetta.
» Qu'êtes-vous, monsieur? demanda de nouveau
» Gambetta. — Sous-chef du bureau du colpor-
» tage. — Je vous fais chef de bureau.

» Et le *général* continua son inspection. En
» moins d'une heure, il avait distribué des grades
» *de quoi doubler le budget du personnel.* Cette façon
» d'agir toute dictatoriale ne déplut pas, comme
» on le pense bien, aux employés secondaires.
» Tous se pressèrent sur les pas du grand mi-
» nistre qui savait si bien faire des chefs de bu-
» reau, et je ne suis pas très-sûr que les garçons
» de bureau eux-mêmes ne se mirent pas sur les
» rangs, pour occuper quelque haute position

» dans l'état-major du fonctionnaire républicain.

» Après la curée des postes sédentaires, com-
» mença celle des préfectures et sous-préfectures.
» A minuit, il y avait déjà 47 préfectures distri-
» buées par Gambetta à 60 solliciteurs; certaines
» préfectures furent données plusieurs fois, et
» chaque nomination entraînait l'ouverture d'un
» crédit pour chacun des candidats. Il fallait bien
» que les préfets du 4 Septembre eussent du linge
» blanc en arrivant au chef-lieu du département
» qu'ils allaient révolutionner.

» Tel était ce ministère métamorphosé si vite en
» bureau de bienfaisance pour les mendiants de
» l'émeute (1). »

. . . .

Du 4 Septembre au complet investissement de Paris, Gambetta figura sur tous les actes, décrets, proclamations, etc., du gouvernement de la soi-disant Défense nationale; puis, jugeant que l'organisation de la république ne marchait pas assez rondement dans les départements, le 7 octobre, il fit rendre un décret, par ses collègues et complices, qui l'adjoignait à la délégation de Tours.

Pour se rendre à ce poste, les circonstances voulaient qu'il s'embarquât ... en ballon. Ce voyage ne lui souriait guère. Il aurait bien voulu retenir

(1) Ernest Dréolle, *la Journée du 4 Septembre.*

l'élan de patriotisme qui l'avait fait demander de se rendre à Tours. Mais, c'était trop tard... Il hésita trois jours, mettant Nadar en fureur par ses tergiversations, par ses craintes, par ses demandes d'agrandissement de ceci, de rapetissement de cela, dans le ballon préparé pour le voyage.

Enfin, il partit...

« Arrivé à Tours, M. Gambetta n'apporta que la
» fièvre ; à l'atonie stérile, succéda l'agitation sté-
» rile : il n'y eut de changé que la maladie. La
» dictature de Tours traduisit surtout son énergie
» révolutionnaire en proclamations ridicules ou
» funestes, en décrets irréfléchis, en mesures ar-
» bitraires, en levées désordonnées, en marchés
» désastreux. Il pratiquait avec une sorte de furie
» la *levée en masse*, ce rêve de républicains affolés.
» Il levait sans ordre, sans méthode, sans atten-
» dre qu'une classe fût organisée et pourvue
» avant d'appeler l'autre ; il encombrait les che-
» mins et les routes de ces troupeaux d'hommes
» inutiles ; il les envoyait aux généraux, qui ne sa-
» vaient qu'en faire, et finalement les parquaient
» à Conlie ou dans les lignes de Carentan, où ils
» se démoralisaient ensemble. Cette agitation
» effrénée passe aux yeux de certaines gens pour
» de l'énergie et de la fécondité ; pour ceux qui
» réfléchissent, ce n'est que de l'incapacité fié-
» vreuse. Pour garder le pouvoir, la dictature de

» Tours *refusa de convoquer une Assemblée natio-
» nale qui eût pu conclure la paix* à des condi-
» tions relativement avantageuses; pour l'exercer
» sans contrôle, elle cassa tous les pouvoirs élus,
» et la France, désormais sans recours et sans
» lois, se trouva placée dans l'alternative d'en
» appeler à la guerre civile ou d'associer sa for-
» tune à celle de ce *fou furieux,* comme l'a appelé
» M. Thiers (1). »

Un des premiers actes de M. Gambetta, en arrivant à Tours, fut de destituer le général de La Motterouge, qui n'avait pas réussi à battre, avec 25,000 hommes rassemblés à la hâte, 40,000 Prussiens.

C'est à ce sujet que Gambetta s'écria : « Mais, c'est moi qui lui ai envoyé l'ordre de se porter en avant et *de vaincre.* »

Voulant partager la responsabilité des évènements qui allaient survenir, Gambetta offrit le portefeuille du ministère de la guerre au général Lefort; mais le brave général refusa de s'associer aux actes de la délégation de Tours; alors le citoyen dictateur s'institua, de lui-même, ministre de l'intérieur et de la guerre. Nous allons voir combien fut funeste l'administration dérisoire de cet impudent avocat, qui, dans son infatuation,

---

(1) *Journal de Paris.*

voulait diriger les armées et commander, au coin du feu, à de vieux généraux de la trempe d'Aurelles de Paladine ; et cela, en compagnie de ses fidèles amis, Spuller, Pipe-en-Bois, etc.

« Bien heureux étaient les généraux quand ils
» n'étaient ni insultés ni destitués par M. Gam-
» betta. Non-seulement il ne leur laissait aucune
» initiative, mais encore il ne les mettait pas dans
» le secret des folles combinaisons qu'il les con-
» damnait à exécuter (1). »

Le 23 novembre 1870, voici la dépêche que M. Gambetta adressait, de Tours, au général d'Aurelles :

« Général,

» J'ai lu avec la plus grande attention la lettre
» de ce jour que m'a apportée votre officier de
» l'état-major général.

» A vos observations, dont je ne méconnais pas
» la portée, je ferai cette simple réponse :
» *Si vous m'apportiez un plan meilleur que le*
» *mien ou même si vous m'apportiez un plan*
» *quelconque, je pourrais abandonner le mien et*
» *révoquer mes ordres*; mais depuis douze jours
» que vous êtes à Orléans, vous ne nous avez,
» malgré nos invitations réitérées, proposé aucune

(1) *Les hommes du 4 Septembre*, par Albert Rogat.

» espèce de plan. Vous vous êtes borné à vous
» fortifier à Orléans ... (1) »

Plus tard, le même général d'Aurelles ayant osé critiquer les plans du général Gambetta, celui-ci ne craignit pas d'incriminer le brave général d'Aurelles et de faire peser sur lui les graves accusations de trahison et d'incapacité.

Le général d'Aurelles envoya sa démission et demanda à passer devant un conseil de guerre.

Voyant quelle faute grave il avait commise en se privant des services de ce général, Gambetta lui offrit un nouveau commandement. D'Aurelles de Paladine refusa, et à cette occasion adressa au ministre de la guerre l'énergique réponse que voici :

« Belley, le 11 janvier 1871.

» Monsieur le ministre,

» J'ai eu l'honneur de recevoir votre lettre par
» exprès. Je place mon Pays avant tout, et malgré
» les déboires et les dégoûts dont j'ai été abreuvé,
» je suis prêt à reprendre le commandement d'un
» corps d'armée. Mais je ne veux tenir ce com-
» mandement que d'un gouvernement régulier,
» dont le premier acte aura été de faire passer en
» jugement les ambitieux et les incapables qui ont
» perdu la France !

» Recevez, etc.   » D'AURELLES DE PALADINE. »

(1) Déposition du général d'Aurelles de Paladine.

Voyons maintenant quelle était la bravoure du citoyen ministre de la guerre, avocat et général.

« Quand j'étais dans les plaines de Marchenoir, à
» la tête d'une brigade de l'armée de la Loire,
» M. Gambetta vint au quartier général de la
» division. De là aux avant-postes, où on tirait
» toute la journée, il n'y avait pas plus d'une demi-
» heure de chemin. Pour M. Gambetta, qui volait
» du nord au sud et de l'est à l'ouest, ce n'était
» rien : pourtant, il n'a pas jugé à propos de payer
» de sa personne, pas plus qu'ailleurs... (1) »

Quelle était maintenant, à Tours, la société du dictateur : des culotteurs de pipes, des orateurs de clubs, des enfants perdus de la débauche, des avocats sans cause, des ambitieux impuissants, des envieux, des intrigants; voilà quels étaient les conseillers ordinaires et extraordinaires du citoyen Gambetta.

Ranc, le condamné à mort, et Ferrand, le pensionnaire de Clairvaux, étaient aussi du nombre de ses amis.

Il a essayé de nier ses rapports intimes avec ce dernier; établissons, par des faits incontestables, qu'en voulant faire croire qu'il n'a jamais frayé avec Ferrand, Gambetta ment effrontément.

Si le citoyen Gambetta ne connaissait pas le

(1) Général Du Temple. — Discours à l'Assemblée nationale, 29 mai 1872.

citoyen Ferrand, comment se fait-il qu'il ait écrit, le 4 novembre 1870, à M. de Frédilly la lettre suivante?

MINISTÈRE DE L'INTÉRIEUR.   Tours, 4 novembre 1870.

CABINET DU MINISTRE.

« Mon cher monsieur de Frédilly,

» Je vous recommande M. E. Ferrand, qui est
» tout-à-fait compétent en matière de ravitaille-
» ment. C'est un homme *absolument sûr et qui est*
» *très-désintéressé.*

» Je vous prie de l'écouter avec soin; nous
» aurons à la suite un entretien ensemble.

» Agréez mes sentiments affectueux.

» Léon Gambetta. »

Une autre circonstance prouve péremptoirement les rapports amicaux qui ont existé entre Gambetta et Ferrand.

Quelques jours avant l'arrestation de Ferrand, le procureur de la République de Quimper écrivait, le 18 août 1873, au juge d'instruction :

» J'ai l'honneur de vous faire connaître que
» M. Ferrand est à son château de Lesnevavolt,
» et ne paraît pas soupçonner les mesures prises
» contre lui.

» *M. Gambetta est arrivé hier* à Quimper, se
» rendant à Lesnevavolt. — Cette coïncidence

» peut sembler extraordinaire, et la première pen-
» sée qu'elle fit naître, est que M. Gambetta vient
» donner l'éveil à son ami.

» Toutefois, il ne faut pas oublier que M. Gam-
» betta est déjà venu l'été dernier, rendre visite à
» M. Ferrand. » . . . .
. . . .

Pour affirmer d'une manière indiscutable les liaisons qui existaient entre Gambetta et Ferrand, nous voulons encore citer un extrait du rapport de M. Busson-Duviviers :

« Nous devons dire que M. Emile Ferrand
» figure au nombre des fondateurs du journal *la*
» *République française* (acte de société du 4 dé-
» cembre 1872); qu'il a fait attester sous serment
» devant la justice anglaise qu'il était un des par-
» tisans les plus actifs de M. Gambetta, et que son
» arrestation, le 20 août 1873, a eu lieu *au mo-
» ment où M. Gambetta avait accepté l'invitation
» d'être son hôte.* »

Le 7 décembre 1870, Gambetta, jugeant que sa précieuse personne n'était plus en sûreté à Tours, décida que la délégation devait se transporter à Bordeaux ; plus tard on reculerait jusqu'à Bayonne, s'il y avait lieu... Donc, on plia bagage et on s'en fut à Bordeaux.

Quelle fut sa conduite à Bordeaux ?

Pendant que nos braves soldats, privés de tout,

allaient mourir pour la patrie, M. Gambetta menait joyeuse vie. Loin du bruit importun du canon, à l'abri des mitrailleuses, bien nourri, couvert de fourrures, Gambetta passait gaiement ses soirées au grand théâtre, qui donnait, en l'honneur du dictateur, *la Muette*, *Robert le Diable*, etc.

Il habitait le premier étage de la préfecture, il était très-difficile de pénétrer jusqu'à lui; ses fidèles, craignant sans doute que des indiscrets ne vinssent lui donner des conseils contraires à leurs intérêts, faisaient passer un long interrogatoire aux solliciteurs avant de les laisser approcher du demi-dieu.

A dix heures du soir, il y avait réception pour les privilégiés.

Singulière cour, disaient les étrangers, où l'on reçoit le chapeau sur la tête, où l'on vous envoie des bouffées de tabac en guise de réponse, et où l'on vous crache sur les pieds sans vous crier gare !

Elle était cependant encore trop aristocratique, cette *cour*, pour quelques particuliers qui trouvaient inconvenant que l'huissier de service leur répondît : *Monsieur* Gambetta n'y est pas.

Comme si Gambetta n'était pas un citoyen !

Dans son ouvrage sur le *gouvernement de Bordeaux*, M. le comte de Montferrier s'exprime ainsi :

« Gambetta avait un nombreux entourage
» d'amis, dont les plus célèbres étaient Laurier,
» Spuller et Cavalier, dit *Pipe-en-Bois*, plus une
» quantité de secrétaires, presque tous jeunes
» gens, trouvant fort agréable de passer le temps
» de cette meurtrière campagne auprès d'un bon
» feu et autour d'une bonne table.

» Le pavé, en outre, était encombré de colonels
» sans régiments, de capitaines sans compagnies,
» et d'une nuée d'officiers d'état-major sans desti-
» nations. On eût composé un bataillon avec ces
» désœuvrés qui promenaient leurs galons tout
» frappant neuf de cafés en cafés, buvant des ap-
» pointements qu'ils ne gagnaient pas et qu'ils ne
» cherchaient point à gagner, préférant l'oisiveté
» aux fatigues des camps. »

Malgré les proclamations éloquentes et les discours ronflants du dictateur, nos malheurs grandissaient toujours; à force de jeter l'injure à nos généraux, la suspicion était passée dans l'âme de nos soldats, l'indiscipline s'était complètement glissée dans leurs rangs; les défaites succédaient aux défaites, de tous côtés arrivaient les plaintes des officiers, sur la mauvaise qualité des armes et sur la fabrication vicieuse des munitions.

Les fournitures de vêtements n'auraient point été plus déplorables si elles avaient été vendues par des Prussiens; semelles en carton, vareuses collées au lieu d'être cousues, ceinturons se coupant sous le poids de la baïonnette et des cartouchières; enfin misère complète, surtout si l'on joint à cela des conserves immangeables et des vivres frais toujours annoncés, mais n'arrivant jamais.

Quelqu'un devait cependant bénéficier de toutes ces rapines, et l'on demandait l'exécution publique des voleurs qui livraient nos armées sans force et sans défense aux fureurs de l'ennemi. Malheureusement pour les victimes, il fallait regarder trop haut pour voir les coupables.

L'armée de l'Ouest essayait de réunir ses sanglants débris autour du camp de Conlie, et voyait triomphalement passer, le cigare à la bouche, le dictateur qui allait s'embarquer à bord de l'*Hirondelle*, ancien yact de l'Impératrice Eugénie, pour se rendre dans le Nord, qui, jusqu'alors, avait été privé du bonheur de contempler ses traits.

Débarqué à Boulogne, il partait en train spécial pour Lille, où le recevait le citoyen général, commissaire et fournisseur, Testelin; puis, après avoir étonné les populations par quelques phrases éloquentes, et conféré avec le général Faidherbe, il se rembarquait à Calais sur le navire qui l'avait amené.

Tels sont les grands exploits de M. Gambetta comme ministre de la guerre.

Gambetta tenait avant tout à rester le plus longtemps possible à la tête du pouvoir, c'est une des raisons, et la principale, qui lui faisait prêcher en toute occasion la *guerre à outrance*. Aussi, lorsqu'il apprit la capitulation de Paris, il devint sombre, préoccupé, taciturne; il allait être obligé de déposer la dictature, et peut-être de rendre des comptes...

Cependant, il essaya de faire bonne mine, et comme diversion à ses préoccupations, il rendit ce fameux décret qui frappait d'inégibilité tous les citoyens ayant servi l'Empire dans des emplois élevés : tels que sénateurs, conseillers d'Etat, préfets, etc.

M. de Bismarck, intéressé dans la question de la nomination d'une Assemblée nationale, ne voulut pas tolérer ces éliminations arbitraires et s'interposa pour que les élections fussent libres. — Gambetta se raidit; et pour mettre à la raison cet impétueux cyclope, le gouvernement de Paris fut obligé d'envoyer à Bordeaux les citoyens Jules Simon et Garnier-Pagès, avec les pouvoirs les plus étendus; dans le cas d'une résistance par trop accentuée, ils devaient même faire arrêter le citoyen Gambetta.

Il comprit enfin qu'il était temps de céder, et donna sa démission de tous les pouvoirs réunis en sa personne.

Aux élections du 8 février 1871, Gambetta fut élu député par plusieurs départements. Il opta pour le Bas-Rhin, mais comme ce département devait être séparé de la France, il ne put entrer à la Chambre qu'après les élections du 2 juillet, envoyé alors par le département des Bouches-du-Rhône.

Dès le commencement du mouvement socialiste et communiste qui devait amener cette terrible guerre civile, commencée au 18 mars pour ne finir qu'au 26 mai, au milieu de Paris, couvert de sang et de ruines, Gambetta s'était réfugié à Saint-Sébastien, en Espagne. Du fond de sa retraite, il assistait impassible à ces sanglantes journées qui déshonoraient sa Patrie, et dont les héros étaient ces mêmes hommes que, dans les clubs et les réunions publiques, il avait soudoyés et empoisonnés par ses discours venimeux et son éloquence de contrebande.

Trop lâche pour partager le péril, pendant que les malheureux ignorants qui l'avaient porté au pouvoir tombaient sous les balles de l'armée de l'ordre, lui se reposait sous de frais ombrages, dans une douce solitude, des soucis de sa dictature... et peut-être de ses débauches!

Quand l'ordre fut rétabli, Gambetta revint à Versailles prendre sa place sur les bancs de l'Assemblée nationale. Son long séjour en Espagne, sous les bosquets fleuris de Saint-Sébastien, non loin des douces brises de la mer, semblait avoir calmé l'irascibilité et la fougue de son caractère. Mais, non; bientôt son naturel reprit le dessus, et sa violence ne connut plus de limites.

C'est ainsi que dans une séance de l'Assemblée nationale, M. Gambetta voulant essayer de salir les bonapartistes, leur lança l'épithète de *misérables!* Il avait l'audace de l'insulteur : cela n'a jamais été que son seul courage; quatre uhlans l'ont fait fuir sur la Loire.

D'où venait donc cette recrudescence de *folie furieuse?* — évidemment du flot de l'Impérialisme qui monte et des mécomptes qui atteignent la république. En traitant les bonapartistes de *misérables,* n'a-t-il pas oublié le pire, le plus grand, le plus achevé des misérables, lui, Gambetta?

A la suite de cette triste séance, dans laquelle un représentant venait de déshonorer la tribune française, la gare Saint-Lazare fut pendant plusieurs jours le théâtre de manifestations bruyantes au moment du départ pour Versailles et du retour à Paris, des trains affectés aux députés.

L'indignation était à son comble; Gambetta ne put s'y soustraire, car le lendemain où il avait lancé son inconvenante apostrophe, en descendant les degrés de la gare, il fut violemment frappé au visage... A partir de ce jour, M. Gambetta jugea prudent de se rendre à Versailles par la gare Montparnasse.

A chaque vacance que prend l'Assemblée nationale, M. Gambetta, dont les ressources oratoires sont inépuisables, lorsqu'il s'agit de préparer l'avènement des « nouvelles couches sociales, » juge à propos de faire une tournée dans les départements, afin de stimuler les frères et amis.

C'est ordinairement du haut d'un balcon ou monté sur un tabouret de restaurant que l'ex-dictateur pérore pendant plusieurs heures, au grand ébahissement de ses auditeurs de commande, qui ouvrent les yeux, la bouche, et remuent les bras absolument comme les polichinelles qu'on fait mouvoir par une ficelle. Ces braves gens ne comprennent absolument rien au boniment du paillasse Gambetta, mais ils ont ordre d'applaudir à un signal convenu et tout machinalement ils applaudissent.

Ce n'est pas plus difficile que cela, à l'ami de Ranc et de Ferrand, d'obtenir un succès oratoire; et le lendemain on lit dans la *République française* : que M. Gambetta, à son arrivée à ... a été l'objet d'une chaleureuse ovation, et qu'après un brillant discours prononcé au banquet que lui avaient offert des délégués de la population, des applaudissements frénétiques ont éclaté, mêlés des cris de vive la République ! vive Gambetta !

Et le tour est joué.

Dans ses discours prononcés après dîner..., la mémoire fait quelquefois défaut à l'impétueux Gambetta ; ainsi, dans celui qu'il a débité au banquet d'Auxerre, il a dit que l'Appel au Peuple était un mensonge.

Savez-vous ce que le même M. Gambetta pensait de l'Appel au Peuple il y a quatre ans ?

Savourez ce petit morceau extrait *textuellement* de l'indigeste harangue qu'il prononça, le 5 avril 1870, devant le Corps législatif.

« Ce que je voudrais proposer, puisque la ques-
» tion de plébiscite ouvre le droit, ce serait de
» choisir entre le parlementarisme anglais et le
» parlementarisme américain ou suisse. (Il n'osait
» dire république.) Si vous voulez toute mon opi-
» nion, nous ne sommes pas compétents pour
» nous prononcer ; *le peuple seul est compétent*,
» et j'ai sur le plébiscite un langage analogue à
» celui de M. le baron Jérôme David. Je crois que
» le plébiscite est une sanction désormais néces-
» saire dans les sociétés qui reposent sur le droit
» démocratique pour donner au pouvoir, qu'il soit
» issu de la révolution ou issu d'une acceptation,
» la sanction que les anciennes monarchies trou-
» vaient dans le droit divin.

« Je dis que la philosophie politique exige que
» l'on considère le peuple comme la source exclu-

» sive, inépuisable, sans cesse renouvelée, du
» pouvoir et du droit. »

Comment M. Gambetta peut-il allier son langage d'aujourd'hui avec celui d'autrefois?

D'un petit ouvrage intitulé : *Confession politique d'un ouvrier de Paris*, nous extrayons le passage suivant :

« Il y a des gens, des ouvriers même, à ce
» qu'on dit, qui continuent à être pour Gambetta ;
» ils ne sont pas difficiles. Je ne demanderais pas
» mieux de mettre aussi ma confiance en lui, s'il
» m'était prouvé qu'il est plus capable que ses
» anciens copins ; mais il ne l'a pas du tout prouvé
» jusqu'ici.

» Par exemple, il était très-ardent pendant la
» guerre pour envoyer les autres se battre, en se
» tenant lui-même prudemment à l'écart. Il pré-
» chait la lutte à outrance, mais sans y prendre
» part de sa personne. Ce n'est pas lui que les
» Prussiens auraient pincé, comme l'Empereur à
» Sedan ; il savait trop bien détaler à temps et ne
» jamais se risquer dans les aventures périlleuses. »

Voilà Gambetta! nous le connaissons maintenant, ce saltimbanque qui n'escalade les balcons que pour mentir de plus haut ; nous savons pourquoi ce jouisseur et ses complices ont gaspillé tant de millions, terrorisé tant d'honnêtes gens, poussé le cri de guerre à outrance : c'était pour forcer la carte républicaine, pour supprimer toutes les libertés, pour asseoir sur les ruines de la Patrie la dictature de la sottise, des marchés véreux, de l'absinthe et de la pipe.

On sait ce qu'il nous a coûté de sang, de provinces et d'argent. On sait ce qu'il a gagné à tous nos malheurs : fortune et obésité ; on sait qu'après avoir soudoyé la Commune de Paris, il alla, comme un lâche, prendre le frais ..... à Saint-Sébastien !

Voilà le héros qui nous a traités de *misérables!*...

» Où avait-il étudié la politique?

» Dans les clubs.

» Où avait-il appris à traiter les affaires de l'Etat ?

» Dans les caboulots du quartier Latin.

» N'importe, il tranche, décide, ordonne, desti-
» tue, envoie à la boucherie des régiments de sa
» création, sans habits, sans souliers, sans armes,
» sans cartouches.

» Il nomme des officiers supérieurs, tout sur-
» pris de se voir un sabre pendu au flanc.

» Mais, en revanche, il force de vieux généraux
» à renoncer à leur tactique pour suivre la sienne;
» il change leurs combinaisons, bouleverse leurs
» plans et veut les rendre responsables des échecs
» qu'il a provoqués.

» Cet avocat brouillon, vaniteux, règle la stra-

» tégie, commande les manœuvres, fixe l'heure
» des batailles, ordonne de vaincre, entasse dé-
» faites sur défaites, attire jusqu'au centre du
» Pays l'envahisseur victorieux, couvre nos cités
» de ruines, nos champs de cadavres, achève d'é-
» puiser la France de sang et d'or, nous oblige à
» la paix la plus honteuse qu'enregistrera jamais
» l'histoire dans les fastes de l'opprobre, nous fait
» perdre deux provinces, nous fait voler cinq
» milliards et se retire en Espagne, où il se livre
» aux douceurs de la villégiature, pendant que
» l'ogre allemand dévore sa proie.

» Il avait du patriotisme!!!

» Dites plutôt que cet homme était poussé par
» une ambition frénétique, par un orgueil rageur,
» par un aveuglement immense.

» Au moins lui accorderez-vous de l'activité?

» Oui, l'activité de la folie dans l'impuissance. »
Tel est le portrait que trace un des biographes de celui que M. Thiers lui-même a appelé : le *fou furieux*.

Dans le remarquable ouvrage de M. Eugène Loudun : *Journal d'un Parisien* (1), nous trouvons le portrait du républicain tracé d'une main vigoureuse :

« ..... Cet avorton du monde des salons, im-

---

(1) MM. Lachaud et Burdin, éditeurs.

» puissant, qui n'a jamais su et voulu que perdre
» les heures de sa vie; ignorant, qui n'a rien ap-
» pris; bellâtre, qui s'admire en sa tête penchée
» et la raie qui coupe le milieu de ses cheveux;
» fat, dont un niais sourire vient parfois rider les
» traits fatigués et la face précocement vieillie;
» énervé, incapable de réfléchir, de penser, bien
» plus, même de sentir; inutile, dont le cœur n'a
» jamais tressailli à un mouvement généreux, à
» une noble passion; triste désœuvré, qu'amusent
» seulement et pour qui sont fabriquées les pla-
» titudes des Bouffes et la musique de *la Belle-*
» *Hélène;* étroit et bas cerveau qui ne garde l'em-
» preinte, le souvenir que du dernier jeu de mots
» du *Tintamare,* du nom du cheval vainqueur à la
» Marche et de la *cocotte* à la mode; fade scep-
» tique (mot trop grand pour lui qui ne raisonne
» pas), qui a perdu tout sentiment du respect, qui
» ne connaît, n'estime et n'honore rien de ce qui
» est élevé, vénérable, digne d'admiration, qui
» ne considère pas plus la vertu, le caractère, le
» talent, qu'il ne respecte l'âge, la vieillesse, la
» femme et l'enfance; ce produit du turf, des
» cercles et des cafés, pâle, écœurant, dont, au
» premier abord, on se demande quel peut être
» le sexe; cet inutile, qui ne compte nulle part,
» qu'on rencontre, qu'on quitte, sans qu'il laisse
» trace de souvenir, et que le dédain public a

» désigné par ce nom, qui montre à la fois sa dé-
» bilité et sa décrépitude, *petit crevé!* ce pauvre
» qui n'a jamais été riche, ce révolté de nais-
» sance, dont la vie est une perpétuelle désobéis-
» sance à la loi du devoir, ce paresseux, ce vide,
» cet incapable, a aussitôt reconnu la république
» comme la forme propre à sa vie, à ses habi-
» tudes, à son intelligence, à ses mœurs, a son
» néant; car la république, en France, c'est l'inca-
» pacité prédominante et l'universelle négation! »

Ne semble-t-il pas, chers lecteurs, que le spirituel auteur de ces lignes ait voulu tracer le vivant portrait de Rabagas Ier, du citoyen Gambetta?

Maintenant, on ne lira pas sans intérêt un portrait du citoyen Gambetta, peint de main de maître, par M. Robert Mitchell, aujourd'hui député de l'arrondissement de La Réole (Gironde) :

« ..... M. Gambetta est chef de parti, souverain
» et inviolable; les luttes de la parole sont les
» seules dont il a souci, ainsi qu'il l'a fort bien
» établi pendant la guerre.

» Il ne peut, sans commettre sa majesté démo-
» cratique et sociale, abaisser sa susceptibilité au
» niveau des rancunes bourgeoises; il plane au-
» dessus des passions humaines, dans ces régions
» sereines où l'oreille ne perçoit plus les bruits
» de la terre, la joue ne ressent plus l'effet de la
» brutalité des hommes.

» M. Gambetta a donc agi sagement en élevant
» son dédain plus haut que certaines colères.

« Si d'aventure il se montrait aussi chatouilleux
» que son confrère Clémenceau, les radicaux se
» verraient fort empêchés et nous fort menacés ;
» et il nous paraît que les écervelés qui veulent
» inconsidérément souffleter le Verbe de Belleville
» ne réfléchissent pas aux conséquences probables
» de leur étourderie.

» M. Gambetta sur le terrain ! M. Gambetta
» croisant le fer ! M. Gambetta tué peut-être !...

» Nous ne voulons pas arrêter notre pensée sur
» une aussi fâcheuse éventualité.

» Où trouverions-nous un chef radical répon-
» dant mieux que lui à nos véritables intérêts ?

» M. Gambetta unit l'emportement au sentiment
» bien entendu de la conservation personnelle. Il
» compromet son parti par des excès de tribune,
» et nous garantit, par son extrême prudence,
» contre les suites de ses prédications.

» Il fait le 4 Septembre, et se soustrait par les
» voies aériennes à l'enthousiasme périlleux de
» ses amis.

» Il prépare la Commune, et, lorsqu'elle éclate,
» il s'enfuit à Saint-Sébastien, en s'écriant, ter-
» rifié : « Nos frères sont au pouvoir ! »

» Il appartient à l'école des Ledru-Rollin, des
» Rochefort, des Grousset, de ces hommes qui ont

» toujours assez de poumons pour enflammer les
» masses, et jamais assez de fenêtres pour échap-
» per à la responsabilité de leurs actes.

» Conservons M. Gambetta, puisque nous l'a-
» vons; soignons-le comme s'il était des nôtres,
» et gardons-nous de lui souhaiter un successeur.

» Dans ce parti radical dont il est actuellement
» l'expression la plus haute, il y a des hommes
» de tête et de résolution. Qui sait si, à défaut de
» M. Gambetta, un Ranc ou un Challemel-Lacour
» ne prendrait pas la direction des affaires?

» Avec M. Gambetta nous savons à quoi nous
» en tenir, et lorsqu'il montre les dents, il suffit
» de le regarder en face pour l'obliger à sourire.

» Que Dieu préserve M. Gambetta! »

Nous ne saurions mieux terminer la biographie ébauchée de M. Gambetta qu'en citant de nouveau une page éloquente et indignée que M. Eugène Loudun lui consacre dans son intéressante publication, à laquelle nous avons souvent recours : *le Journal d'un Parisien*.

« ..... Mais le premier, le plus grand coupable
» est M. Gambetta.....

» Un drôle, un pilier d'estaminet, montre à un
» enfant de dix ans un grand gaillard, fort, aux
» bras solides terminés par de gros poings, et lui
» dit : « Jette-toi sur lui, bats-le! »

» Et l'enfant hésitant, il l'enivre avec un verre

» d'eau-de-vie; alors, le pauvre petit, qui n'a plus
» sa raison, les yeux hors de la tête, s'élance sur
» le géant, et frappe de ses petites mains : en un
» instant il est jeté à terre, meurtri, blessé, avec
» un membre brisé.

» Voilà ce qu'a fait M. Gambetta! Il a grisé de
» ses discours la noble jeunesse de France, il l'a
» forcée à se précipiter, sans armes, sans ordre,
» sans vêtements, sans pain, contre l'ennemi le
» plus formidable, qui, en deux coups, l'a échar-
» pée !

» La terre est couverte de son généreux sang!
» Qui est coupable ici?— Qui a été lâche, indigne?
» N'est-ce pas un attentat, un crime contre toute
» une nation, un crime de lèse-humanité?

» L'homme qui poussa l'enfant, c'était pour
» s'amuser; n'est-il pas un misérable? Celui-ci a
» poussé la France, aussi, pour lui-même, pour sa
» jouissance, pour continuer à caresser cette fille
» de rue, à boire ce vin de cabaret dont il est tou-
» jours ivre, la fille, le vin de la république. O
» pères! ô mères! ô veuves de tant de victimes!
» ne vous lèverez-vous pas pour désigner au juge
» ce criminel; ne crierez-vous pas par cent mille
» voix, par cent mille sanglots : « C'est lui! c'est
» lui qui les a tués!... Arrêtez-le! c'est l'assassin
» de la France! »

6

JULES SIMON.

Simon (Jules-François Simon-Suisse, dit Jules) est né à Lorient (Morbihan), le 31 décembre 1814.

Il fit ses études au collége de sa ville natale et à celui de Vannes, et débuta dans l'enseignement comme maître suppléant au lycée de Rennes.

En 1833, il entra à l'Ecole normale. Ayant obtenu son diplôme d'agrégé de philosophie en 1836, Jules Simon entra à cette époque au lycée de Caen, et l'année suivante à celui de Versailles, où il ne resta que quelques mois.

Appelé à Paris par M. Cousin, dont il était l'élève, il fut chargé, à l'Ecole normale supérieure, de la conférence d'histoire et de philosophie.

En 1839, M. Jules Simon entra à la Sorbonne, mais le 16 décembre 1851, son cours fut suspendu par arrêté spécial et motivé; puis, ayant refusé de prêter le serment exigé par la nouvelle Constitution, il fut considéré comme démissionnaire.

Décoré de la Légion-d'Honneur le 27 avril 1845,

il entra à l'Académie des sciences morales et politiques le 21 février 1863.

Ce n'est qu'à l'époque de la révolution de février 1848, que M. J. Simon entra tout-à-fait dans la vie politique. En 1846, il s'était bien présenté comme candidat aux élections législatives dans le département des Côtes-du-Nord, mais il avait échoué.

Plus heureux en 1848, il fut élu, dans ce même département, grâce à ses attaches avec le parti républicain.

Aux journées de juin, il essaya de se rendre populaire en pénétrant dans les quartiers des insurgés et en prenant la présidence de la commission chargée de visiter les blessés.

A l'Assemblée constituante, J. Simon s'occupa spécialement des questions traitant de l'instruction publique, et fut nommé rapporteur de la loi organique sur l'enseignement. A cet effet, il rédigea et présenta à la Chambre un rapport que les circonstances ne lui permirent pas de voter.

J. Simon fut constamment l'adversaire de M. le comte de Montalembert, sur ces mêmes questions de l'enseignement public.

Ayant été élu membre du conseil d'Etat, il donna sa démission de député le 16 avril 1849.

A la suite de différents évènements politiques, M. J. Simon se tint éloigné, pendant quelque temps, de la vie publique en France, et se rendit en Belgique, où il fit plusieurs conférences de philosophie à Anvers, à Liége et à Gand.

Lors des élections de 1863, la 8ᵉ circonscription de la Seine l'envoya comme candidat de l'opposition siéger au Corps législatif. Il fut, à cette époque, l'un des plus ardents défenseurs de la liberté de la presse. En 1868 et en 1869, il prit la parole au sujet de la question romaine, et soutint les réclamations des communes du département de la Seine et celles des colonies, demandant, les unes à élire des conseillers municipaux, et les autres à être représentées au Corps législatif.

Aux élections générales de 1869, J. Simon fut réélu, toujours par la 8ᵉ circonscription de la Seine. Il avait pris une part des plus actives à l'agitation électorale, se rendant dans les réunions publiques et privées, où il débitait ces discours qui, plus tard, devaient entraîner tant de braves gens, tant d'honnêtes pères de famille à lever l'étendard de la révolte contre les institutions établies.

En 1866, M. J. Simon combattit avec vigueur le projet de loi sur la réorganisation de l'armée, présenté par le gouvernement impérial, et à ce sujet prononça les paroles suivantes :

« Cette loi n'est pas seulement une dure loi, *une*
» *loi impitoyable,* qui ne pèse pas exclusivement

» sur les appelés, mais sur la population tout en-
» tière. C'est ajouter un nouvel impôt à tous ceux
» qui nous écrasent. La loi *est surtout mauvaise,
» parce qu'elle constituera une aggravation de la
» toute puissance de l'Empereur...* Ce qui importe,
» ce n'est pas le nombre de soldats, c'est la cause
» qu'ils ont à défendre. Il n'y a qu'une cause
» qui rende une armée invincible, c'est la li-
» berté. »

Plus tard, sur la même question, mettant ouvertement de côté tous sentiments patriotiques, il s'écria à la tribune:

« J'espère qu'on nous rendra cette justice, que
» toutes les fois qu'il a été question d'organiser ce
» qu'on appelle la paix armée, on nous a trou-
» vés en travers de toutes les mesures proposées
» pour arriver à ce but. »

Après la proclamation au Corps législatif des résultats du plébiscite du 8 mai 1870, M. J. Simon protesta contre la manière dont le vote avait été préparé et dirigé par l'administration; et, quelques mois après, pour la déclaration de guerre à la Prusse, il fit partie du petit nombre de ses collègues qui, par un motif de pure opposition, refusaient leurs votes aux projets du gouvernement.

Dans la journée du 4 Septembre, J. Simon se signala par une audace incroyable, et fit tout naturellement partie du gouvernement de la soi-disant Défense nationale, muni du portefeuille de l'instruction publique, des cultes et des beaux-arts.

Les premiers actes du nouveau ministre furent d'une impopularité notoire. Il rappela au collége de France M. E. Quinet, ce philosophe sans conscience, qui a écrit qu'il fallait « étouffer le catholicisme dans la boue! »

Par décision de Son Excellence, le collége Bonaparte prit le nom de lycée Condorcet; c'était rationnel, Condorcet était l'auteur de deux ouvrages niant l'existence de Dieu et l'immortalité de l'âme, et ce philosophe termina sa vie par le suicide pour échapper au couteau de la guillotine.

Enfin, pendant son trop long séjour au ministère, où, malgré la réprobation générale, il sut si longtemps se maintenir, M. J. Simon a voulu se montrer digne de Courbet, le destructeur de la colonne, par un attentat aux traditions glorieuses de la Patrie.

Le Louvre possédait un *Musée des souverains*. Ce musée, créé par Napoléon III, renfermait tout ce qu'il avait été possible de réunir de souvenirs royaux ou impériaux. M. J. Simon, ministre républicain et libre penseur de l'instruction publique et des beaux-arts, incapable de rien fonder, jugea bon, pour se consoler de son impuissance, de détruire le *Musée des souverains*.

Mais le plus odieux, le plus révoltant, le voici :

Un jour, pendant le siége, Mme J. Simon, au bras du citoyen Millière, se rend dans une école des sœurs du 11e arrondissement, dont le curé était l'abbé Chevojon. Durant son inspection, Mme J. Simon est abordée par une sœur qui se plaint du froid dont souffrent les enfants : on n'a pas de bois. — Alors, Mme J. Simon, femme du ministre des *cultes*, avisant le christ suspendu au mur, dit : « Vous n'avez pas de bois ? Prenez ça !... » et elle fit décrocher le christ, le fit scier devant elle et jeter dans le poêle...

Après la capitulation de Paris, le 31 janvier 1871, M. J. Simon fut envoyé à Bordeaux, en compagnie de l'humide Pelletan et de l'ex-vénérable Garnier-Pagès, pour mettre à la raison l'impétueux Gambetta, qui faisait le récalcitrant. Porteur de pleins pouvoirs, il fit comprendre au citoyen dictateur que toute résistance était inutile.

Le temps des folies était passé, mais notre pauvre Pays était encore loin d'être débarrassé de ces ambitieux fatals et incapables, pour qui le salut de la France n'était rien, et dont la dose de patriotisme n'allait pas au-delà de la possession d'un portefeuille.

Aux élections du 8 février 1871, M. J. Simon fut élu par le département de la Marne, et M. Thiers, devenu chef du pouvoir exécutif, lui conserva son portefeuille bien-aimé. Etre ministre... et que la France en meure, c'est la devise de tous ces intrigants, de tous ces fous, de tous ces gredins, que la roue de la fortune élève au pinacle et précipite dans la ruine, qui sortent du ruisseau pour y retomber, qui ne s'élèvent pas, qui escaladent ! Etre ministre !!!....

Et puis après... après il y a l'histoire — mais l'histoire, c'est comme la cuisine, ceux qui la font ne la digèrent point — et il est donné malheureusement à bien peu d'hommes de voir la postérité commencer de leur vivant. Cependant, lorsque cela arrive, c'est un grand exemple que le hasard donne à la société, et, s'il ne profite jamais à ceux qui sont l'objet de cette cruauté de la fortune, il faut que l'humanité en tienne compte.

Le citoyen J. Simon, nous n'avons pas à nous en étonner, a toujours eu une assez singulière manière de traiter, avec sa haute philosophie, ce qui, à nous vulgaire, fait battre si souvent notre cœur : l'amour de la Patrie.

Comme Français, c'est la rougeur au front que nous extrayons d'un de ses ouvrages les lignes qu'on va lire :

« N'est-ce pas un être fictif, dépendant unique-
» ment des conventions humaines, qui, pour le
» nom de Patrie, se place entre l'humanité et la
» famille ? Qu'est-ce que la Patrie ? le sais-je ?

» Quel préjugé plus soigneusement entretenu que
» celui-là ? On ne nous le présente jamais qu'avec
» des images héroïques; tout le monde enfle sa
» voix pour en parler, il semble que c'est la plus
» belle vertu ! On fait, à force d'art, de singulières
» créations dans le cœur humain.

» Quoi de plus difficile que de persuader à cent
» mille *hommes grossiers* qu'ils doivent se faire
» hâcher pour sauver quelques mètres de soie
» tricolore attachés à un piquet ? On y parvient
» pourtant et que faut-il pour cela ? De grands
» mots et quelques fanfares ! »

A quel degré d'avilissement peut descendre l'âme humaine, et quel mal profond se devine sous cette phraséologie !

La conséquence ne s'est pas fait attendre ; le jour où la Patrie a été en danger, lorsque gens de lettres, magistrats, ouvriers, paysans, pauvres et riches, savants et ignorants, couraient aux armes, le fils, le propre fils de M. J. Simon, se cachait tout tremblant derrière les rideaux de son lit ! Les cent mille *hommes grossiers* mouraient pour la Patrie, les délicats aimaient mieux vivre.

L'Empereur a dit que l'amour de la Patrie est la première vertu de l'homme civilisé; le républicain J. Simon a dit que la Patrie n'est qu'un préjugé. Le Prince Impérial, encore enfant, était sur le champ de bataille de Sarrebrück, le fils de

J. Simon, soldat de par la loi, s'est dérobé au plus saint des devoirs !...

Il est permis aux anciens ministres et aux fils d'anciens ministres comme à tout le monde d'être couards et d'avoir du son dans le ventre, mais ce qui n'est que misérable devient odieux, lorsqu'une découverte, — pareille à celle qu'a faite le *Paris-Journal*, — nous montre ces lièvres battant du tambour et demandant l'impôt du sang, alors qu'ils ont bien soin, eux et leurs petits, de se mettre en lieu sûr au moment du danger.

Les documents qu'on va lire édifieront largement nos lecteurs sur ce sujet.

I.

« Je ne veux pas même aborder cette question
» redoutable du remplacement militaire, qui, dans
» un temps démocratique et dans l'organisation
» d'une armée démocratique, est à mes yeux un
» obstacle tout-à-fait infranchissable. Non, je ne
» vous parlerai pas aujourd'hui de cette trans-
» action qu'on désigne, dans le langage le plus
» ordinaire, par cette expression à la fois étrange
» et vraie : *acheter un homme.* »

(Discours de M. J. *Suisse*, dit J. Simon, député au Corps législatif. — *Moniteur universel* du mardi 24 décembre 1867.)

II.

« Nous sommes, nous voulons être un pays
» démocratique. Le remplacement et la démocratie
» sont mal ensemble, et la preuve, c'est que depuis
» que vous agitez la question du remplacement,
» on nous parle sans cesse de classes pauvres et
» de classes riches. Il n'y a pas de classes dans la
» démocratie : il n'y a que des conditions diffé-
» rentes dans la vie humaine. On s'efforce de dire
» que ce sont les petits industriels, les ouvriers
» eux-mêmes qui profitent de l'établissement du
» remplacement.

» Est-ce qu'ils auront un remplaçant sans le
» payer ? Sacrifice pour sacrifice, qu'ils fassent
» celui qui les honore, celui qu'ils demandent à
» faire : qu'ils prennent un fusil quand la Patrie
» a besoin de leur dévouement et de leur per-
» sonne. . . . .

» Nous demandons l'égalité dans les charges de
» la guerre, nous demandons qu'elles s'appliquent
» à tout le monde. »

(Discours de M. Suisse, dit J. Simon. — Séance
du jeudi 2 janvier 1868.)

III.

« Rien de plus contraire à la justice, rien de plus
» contraire à l'essence de nos lois, rien de plus

» contraire à la démocratie et à la liberté que le
» remplacement militaire.

» Si nous avons dans le Code Napoléon un
» article 6, qui déclare que tout contrat contraire
» à la morale est nul de plein droit, un article
» 1780 qui défend à jamais d'engager sa liberté,
» nous devons en avoir un aussi qui défende de la
» livrer pour celle d'un autre. »

(Discours de M. J. Suisse, dit J. Simon. — *Moniteur universel* du dimanche 12 janvier 1868.)

Extrait du registre de la 4e compagnie du 2e bataillon du 96e régiment de ligne, en garnison à Lyon :

PICARD (Marie-Julien).

Dernier domicile : Moyens-Moustier, canton de Sénones (Vosges).

Profession : tisserand.

Né le 22 mai 1847, à Saint-Jean-d'Ormont, canton de Sénones (Vosges).

Fils d'inconnu, et de Marie-Louise Picard, domiciliée à Moyens-Moustier (Vosges).

Incorporé, à compter du 4 novembre 1871, comme remplaçant au corps, servant pour le sieur SUISSE (Charles-Eugène), jeune soldat de la classe de 1870, inscrit sous le n° 4,222 de la liste du contingent du département de la Seine.

Arrivé (Picard) au corps le 4 novembre 1871.

Eh bien, que devons-nous penser de ce tartufe politique ?... Une bibliothèque ne suffirait pas à l'énumération de tout ce qu'il a dit de faux et de tout ce qu'il a fait de mal.

Un incident nous suffira pour achever de peindre l'homme. Le 2 septembre 1870, M. J. Simon arrivait en calèche découverte place de la Madeleine, où il fut bientôt arrêté par l'affluence des curieux ; montant sur le siége pour être mieux entendu de la foule, il s'écria :

« Citoyens,

» N'est-il pas vraiment honteux et pénible,
» pendant que les plus sanglantes batailles se
» livrent, de n'avoir aucune nouvelle de nos en-
» fants, qui peut-être, à l'heure qu'il est, meurent
» pour la Patrie ?
» J'ai deux fils sous les drapeaux ; ils sont en
» face de l'ennemi, et j'ignore leur sort, » etc.

Or, nous venons d'établir catégoriquement que M. J. Suisse, dit Simon, avait fait remplacer l'un de ses fils, et il est prouvé qu'il avait soustrait le second, au moyen d'un congé, à tout service militaire pendant le siége de Paris.

Y a-t-il un seul républicain qui veuille nous démentir ? Non. Tout cela est prouvé, avéré, enregistré.

7

Parlez-nous donc encore du patriotisme des hommes du 4 Septembre !

M. J. Simon, on le sait, a été convaincu d'avoir fait partie de l'*Internationale* sous le n° 606, en compagnie de M. J. Favre sous le n° 1817, ainsi que MM. Jules Ferry et Ernest Picard (1).

Malgré cela nous savons qu'il n'en fut pas moins ministre de l'instruction publique, des beaux-arts et des *cultes*. Ministre des *cultes*, lui, qui a consacré un des chapitres de son livre *le Devoir* à *l'inutilité de la prière* et qui, comme ministre de l'instruction publique, nomma sa femme *officier d'Académie* pour avoir présidé des commissions de libres-penseurs. Comme ministre des beaux-arts, ses exploits nous sont déjà connus; il s'est illustré par la destruction du *Musée des souverains*, après avoir projeté, pendant le siège de Paris, la destruction de la colonne Vendôme.

Il nous est connu maintenant, ce triste héros de nos malheurs ! Il emportera dans la postérité l'écrasante responsabilité qui lui incombe dans les désastres de la Patrie.

(1) Enquête sur le 18 Mars. — Déposition de M. Danet, chirurgien militaire, directeur de l'ambulance du Luxembourg.

ERNEST PICARD.

Picard (Louis-Joseph-Ernest), ex-membre du gouvernement de la démence nationale, est né à Paris le 24 décembre 1821.

En 1844 il fut reçu avocat, et en 1846, docteur en droit.

Au mois de juin 1858, E. Picard fut élu député au Corps législatif, comme candidat de l'opposition, par la 4e circonscription de la Seine. Pendant toute la législature, il fit partie du groupe « des cinq » et ne manqua aucune occasion d'exercer sa verve mordante, joviale et excentrique; souvent, voulant paraître spirituel lorsqu'il n'était que bouffon.

Aux élections générales de 1863, M. Picard fut réélu candidat de l'opposition à Paris. Jusqu'en 1869, sa présence fut assez peu remarquée à la Chambre, mais à cette époque il attira l'attention sur lui par son ardeur à réclamer pour la capitale un conseil municipal élu.

En 1868, il avait fondé un journal démocratique, *l'Electeur*, dont le premier numéro fut saisi en raison des attaques violentes dirigées contre la politique gouvernementale.

Les électeurs de la 4e circonscription de la Seine et ceux de la 1re circonscription de l'Hérault lui continuèrent son mandat législatif aux élections de mai 1869. Il opta pour le département de l'Hérault et reprit, dans la nouvelle Chambre, sa place à l'extrême gauche.

Avec ses amis Thiers, Jules Favre, etc., M. Picard fit une vive opposition au projet de loi présenté par le gouvernement sur la réorganisation de l'armée, et, à ce sujet, prononça un discours dont nous allons donner un extrait, empreint, on va en juger, de sentiments qui ne pouvaient évidemment sortir que d'un esprit tout entier adonné à cette systématique opposition qui distinguait cette minorité turbulente, ayant nom : la gauche.

« On nous dit, s'écria M. Picard, qu'il nous faut
» 800,000 hommes! Depuis quand parle-t-on en
» France ce langage? Depuis quand vient-on nous
» dire publiquement qu'il nous faut prendre de
» telles précautions, non-seulement pour défendre
» nos frontières, mais encore pour renverser
» notre indépendance? Rien ne justifie ces arme-
» ments *exagérés*, qui écrasent le Pays. »

Dans le courant de la dernière session du Corps législatif (1870), M. Picard avait demandé énergiquement, mais sans succès, la dissolution de la

Chambre, « issue, disait-il, des candidatures officielles et ne représentant plus l'opinion du Pays. »

Le 14 août, il se frottait les mains en voyant voter la loi qui doublait les bataillons des gardes nationales : pensez-vous qu'il crût trouver là un nouvel élément de résistance à l'ennemi? Non pas! car il ne put s'empêcher, dans sa misérable soif du pouvoir, de trahir les mobiles de son ambition par ce cri échappé du cœur et qui dévoile le patriotisme républicain des politiques de son acabit : « Nous n'aurions jamais obtenu cela *sans les Prussiens !*

Sans les Prussiens! Est-il possible d'accepter avec plus de cynisme la solidarité et la complicité avec l'ennemi?

Au 4 Septembre, M. Picard entra naturellement dans le gouvernement de la soi-disant Défense nationale, et se nomma ministre des finances. Son premier acte, comme ministre des finances, fut l'abolition du timbre sur les journaux et les publications périodiques. Ce n'était cependant guère le moment de restreindre les ressources du trésor, mais il fallait bien se rendre populaire.

Le 31 octobre, le gouvernement siégeant à l'Hôtel-de-Ville faillit être renversé par une tentative insurrectionnelle; ses bons frères et amis accusaient déjà les héros du 4 Septembre de trahison. A ce sujet, les Parisiens ont cru que c'était

M. Picard qui, par son courage et son énergie, avait sauvé le gouvernement. C'est faux, archifaux. M. Picard, après avoir réussi de s'esquiver de l'Hôtel-de-Ville, arriva au ministère des finances, et, en apercevant l'officier de service, s'écria, blême de peur : « Tout est perdu ! mes collègues sont arrêtés, la Commune triomphe ! je donne ma démission, je m'en vais ! »

— Monsieur le ministre, lui répondit l'officier, il ne faut pas désespérer, je vais faire sonner le rappel, et, soyez-en sûr, le bataillon vous défendra.

Voilà le courage de M. E. Picard.

Le 25 janvier 1871, M. Picard était au nombre des membres de l'Assemblée nationale qui formaient la commission chargée d'accompagner M. J. Favre à Versailles pour traiter de la capitulation de Paris. On sait comment le négociateur et ceux qui lui étaient adjoints s'acquittèrent de leur mandat patriotique.

Au scrutin du 8 février 1871, M. Picard fut élu député par le département de la Meuse; il avait également posé sa candidature à Paris, mais il échoua, n'obtenant que 39,193 suffrages sur 328,970 votants.

A la formation du premier ministère de M. Thiers, le portefeuille de l'intérieur lui fut confié; mais, attaqué violemment par tous les partis, il se vit bientôt contraint de donner sa démission et se retira le 31 mai 1871. Comme compensation, M. Thiers le nomma gouverneur de la Banque de France. En apprenant la nomination de cet intru, les régents menacèrent de se retirer, et voilà encore une fois M. Picard obligé de donner sa démission. C'est alors que M. Thiers l'appela au poste d'ambassadeur à Bruxelles!

Voici comment le *Siècle* lui-même accueillit cette nouvelle nomination :

« La vie des hommes politiques se partage
» ordinairement en deux périodes : celle où l'on
» attend tout des électeurs, et celle où l'on attend
» tout du gouvernement. M. E. Picard entre dans
» la seconde. Homme d'esprit, sans esprit poli-
» tique, il va porter à Bruxelles le souvenir d'une
» popularité acquise par de bons mots et compro-
» mise dès que les mots et les discours ne suffi-
» saient plus, alors qu'il fallait des actes. M. Pi-
» card, qui, pendant le siége de Paris, appelait
» malicieusement M. Trochu le maréchal de *De*
» *profundis*, et qui avait le tort d'obéir à ce com-
» mandement lugubre, montrera-t-il tant de
» bonne humeur à Bruxelles? Là, du moins, ses
» traits d'esprit n'auront pas la même consé-
» quence et on lui pardonnera d'égayer la Bel-
» gique, *pourvu que ce ne soit pas aux dépens des*
» *intérêts de la France.* »

M. E. Picard est, croyons-nous, un honnête

homme fourvoyé dans un milieu de bandits. Il n'en est pas moins coupable !

Joyeux compère, gai convive, farceur émérite, on est étonné de le trouver embourbé dans cette fange dégoûtante.

Lui, pouvait se faire une autre position et occuper une situation plus en rapport avec son intelligence et ses capacités. Il aurait pu être utile à son Pays, il lui a été fatal. Ministre, puis ambassadeur, aujourd'hui il n'est que député.

Peut-être sa conscience bat-elle le rappel, pour lui reprocher le rôle honteux qu'il a joué dans cette journée criminelle du 4 Septembre ; mais quoi qu'il en soit, dans l'histoire, il sera du nombre des *héros de la décadence nationale,* dont nous nous sommes imposé la pénible tâche de divulguer les tristes exploits.

GARNIER-PAGÈS.

Garnier-Pagès (Louis-Antoine), ex-membre du gouvernement provisoire de 1848, ex-membre du gouvernement de la défaillance nationale en 1870, est né à Marseille le 18 juillet 1803.

Courtier de commerce à Paris, M. Garnier-Pagès, qui s'était de bonne heure signalé par ses idées démocratiques, prit activement part à la révolution de juillet 1830; c'est lui qui, le premier, organisa les barricades dans le quartier Sainte-Avoye.

A la mort de son frère, il vendit sa charge et fut envoyé à la Chambre par le département de l'Eure. Immédiatement il prit place sur les bancs de l'extrême gauche et essaya de se faire une situation marquée parmi ses collègues, en intervenant fréquemment et bruyamment dans toutes les discussions politiques.

L'un des promoteurs de l'agitation réformiste de 1847, M. Garnier-Pagès, ne manqua pas de figurer dans presque tous les banquets politiques importants, à Paris et dans les départements. En février 1848, il fut un des députés qui insista le plus pour se rendre au banquet du 12e arrondissement, interdit par le gouvernement.

Maire de Paris après la chute de Louis-Philippe, Garnier-Pagès succéda à M. Goudchaux au ministère des finances, le 5 mars 1848. Parmi les nombreuses et funestes mesures qui signalèrent son passage à ce ministère, se trouve, en première ligne, l'établissement de ce stupide et désastreux impôt dit des *quarante-cinq centimes*. Dans différents écrits, et même du haut de la tribune, Garnier-Pagès essaya de défendre les actes de son administration; mais ils étaient trop impopulaires et trop entachés de l'incapacité notoire qui y avait présidé, pour qu'il pût parvenir à se faire absoudre.

Non réélu à l'Assemblée législative, Garnier-Pagès rentra forcément dans la vie privée. Aux élections de 1857, il se porta sans succès dans la première circonscription de la Seine. Ce n'est que le 20 mars 1864 que la cinquième circonscription de Paris envoya ce ridicule bonhomme siéger au Corps législatif. Peu de temps après, s'étant mêlé de l'organisation du comité électoral démocratique, il fut compris dans le célèbre *procès des Treize* et condamné par le tribunal correctionnel à 500 fr. d'amende.

A l'exemple de ses collègues de la gauche,

Garnier-Pagès fit une opposition des plus vives à tous les projets de loi présentés par le gouvernement; il y avait comme un mot d'ordre entre tous les représentants de son espèce pour battre en brèche les propositions les plus sages et les plus patriotiques, émanant de l'administration impériale. Il fallait saper, miner ce colosse, dont les assises étaient solides; alors l'assemblage et le concours de tous ces phénomènes rongeurs n'était pas de trop pour démolir l'édifice fondé par un Napoléon.

Garnier-Pagès fut un de ceux qui attaquèrent avec le plus de passion l'administration de l'honorable M. Haussmann; trop petit de caractère et d'esprit, il ne pouvait concevoir les grandes et sublimes idées du préfet de la Seine.

C'est avec non moins de passion et de violence qu'il prit part aux discussions sur la réorganisation de l'armée.

Il critiqua toutes les propositions présentées et soutenues par l'illustre et regretté maréchal Niel. Lui, Garnier-Pagès, ex-courtier de commerce, venait donner des conseils, sur des questions militaires, à un ministre de la guerre de la valeur d'un Niel! — Vraiment, ce fantoche bouffon avait tout l'aplomb d'un imbécille.

Mais, écoutons-le, ce sera instructif :

« L'influence d'une nation dépend de ses *prin-*

» *cipes!* Les armées, les rivières, les montagnes,
» les forteresses *ont fait leur temps*. La vraie
» frontière, c'est le patriotisme. »

Poursuivons nos citations.

« Lorsque nous avons fait la levée en masse,
» nous avons vaincu la Prusse, et nous sommes
» allés à Berlin. (Protestations : comment! des le-
» vées en masse ..... en 1807!) Chaque puissance,
» à son tour, vient nous affirmer que l'influence
» matérielle, l'influence de la force armée, est la
» seule puissance. La vraie puissance, croyez-le,
» c'est l'influence morale. »

Qu'on ne s'étonne pas d'entendre M. Garnier-Pagès tenir ce langage! Il est de ceux qui professent cette théorie, que l'intérêt bien entendu des peuples consiste à être vaincus, parce que la défaite est pour eux le moyen d'obtenir la liberté.

Dans la séance du Corps législatif du 15 juillet 1867, M. Garnier-Pagès disait :

« Toutes les fois qu'un gouvernement s'enivre
» des victoires qu'il remporte, *il devient plus ab-*
» *solu;* il veut commander au peuple en maître
» souverain. S'il éprouve une défaite, c'est le con-
» traire qui a lieu ; alors il sent qu'il a besoin de
» chercher une racine plus profonde dans le cœur
» de la nation. »

Et comme un membre de l'Assemblée l'interrompait pour lui dire qu'il n'en était point ainsi en

France, M. Garnier-Pagès, relevant l'interruption, continua : « On me fait observer qu'en France il
» n'en est pas ainsi. Je reconnais qu'en France,
» après la bataille de Solférino, il y a eu un plé-
» biscite et le décret du 24 novembre.

» Mais mon interlocuteur allemand, — M. Gar-
» nier-Pagès venait de rapporter à la Chambre une
» conversation qu'il avait eue avec un homme
» d'État de l'Allemagne, — mais mon interlocu-
» teur allemand répondit en souriant à cette ob-
» jection : Vous avez eu cela, oui ; mais *si vous
» aviez perdu la bataille de Solférino*, SI VOUS
» AVIEZ ÉTÉ VAINCUS, vous auriez eu la liberté tout
» entière! »

Dans cette même séance du 15 juillet 1867, M. Garnier-Pagès s'écriait encore :

« Il faut protester énergiquement contre ces
» paroles du Message impérial : « L'influence
» d'une nation dépend du nombre d'hommes
» qu'elle peut mettre sous les armes. »

» Non. Son influence dépend de ses principes.
» Les alliances avec les gouvernements n'ont pas
» de valeur. Les alliances avec les peuples sont
» seules utiles. »

En 1869, M. Garnier-Pagès énumère avec douleur les sommes demandées pour 1,200,000 fusils nouveau modèle, pour la mise en état des places fortes, etc.

« Avec quoi, demande-t-il, couvrirez-vous tout
» cela? Et à quoi cela vous servira-t-il? Qu'est-ce
» que la force matérielle? Ah! si vous vouliez, au
» contraire, employer la force morale! Quelle
» puissance vous auriez si vous vouliez avoir con-
» fiance dans le peuple et la liberté! Le budget de
» la guerre vous mène à la banqueroute. C'est la
» plaie, c'est le chancre qui nous dévore!... Oui,
» Messieurs, et si je pouvais trouver un mot plus
» fort, je l'emploierais, parce que je veux frapper
» les esprits!..... »

Au 4 Septembre, M. Garnier-Pagès fit, comme on le pense bien, partie du gouvernement qui venait de proclamer la république à l'Hôtel-de-Ville. Mais, ne lui en voulons point, le rôle qu'il y joua fut à la hauteur de ses capacités : il se bornait à signer les décrets du gouvernement.

Au 31 octobre, pris par les insurgés de l'Hôtel-de-Ville avec ses collègues du gouvernement de la Défense nationale, M. Garnier-Pagès veut essayer, sur les républicains qui préludaient à la Commune, l'effet de *sa parole honnête.*

« M. Garnier-Pagès avait cette confiance que sa
» parole honnête n'était pas sans puissance pour
» apaiser les agitations populaires; il aimait à
» haranguer. Il essaie de monter sur la table au-
» tour de laquelle tournoyaient plus de deux
» cents personnes, se bousculant, se pressant,

» chacun voulant parler et personne ne voulant
» écouter. M. Garnier-Pagès y parvient avec
» peine.

» Citoyens, dit-il, j'ai assisté à trois révolutions,
» celle de 1830, celle de 1848 et celle de.....

» — Faites-le rentrer dans son faux-col, » dit
un gamin perché sur le fût d'une colonne.

» — Pas de cours d'histoire, » dit un autre interrupteur.

« Et l'auteur des trois révolutions fut réduit au
» silence, étonné de ne pas rencontrer dans ce
» public les égards auxquels son âge et ses ser-
» vices devaient, à ses yeux, lui donner droit (1). »

De plus grotesque, il n'y a guère, nous allons le voir, que MM. Crémieux et Glais-Bizoin.

Après la signature de l'armistice, Garnier-Pagès fit partie de la fraction du gouvernement qui fut obligé de se rendre à Bordeaux pour signifier au citoyen Gambetta que le temps de ses folies était passé. On ne sait trop quel rôle l'homme au faux-col joua dans cette mission ; du reste, peu nous importe.

Aux élections du 8 février, Garnier-Pagès ne fut pas heureux ; les services qu'il avait rendus à la France étaient tels que pas un département ne pensa de le nommer député.

(1) Rapport de M. Daru, page 194.

Ce vieux revenant de 1848 fut donc rendu à ses foyers et se retira à Cannes, sous le prétexte d'aller soigner sa santé délabrée.

Que dire de cette vilaine et repoussante figure, dont les traits, encadrés dans une longue et sale chevelure, nous donnent la peinture vivante de ces sinistres conventionnels d'horrible mémoire?

Garnier-Pagès est un de ces hommes dont la vie tout entière a été funeste à leur pays, toujours en révolte contre la société et contre les institutions qui garantissent l'ordre; il a, par ses doctrines dissolvantes, fait de nombreuses victimes et entraîné dans la voie du crime des hommes qui peut-être seraient toujours restés bons citoyens.

Appuyons notre opinion sur ce fatal personnage d'un exemple saisissant :

« Un jour, en plein conseil de guerre, le capitaine rapporteur dit à un fédéré que l'on allait condamner à la déportation : — Mais enfin, vos antécédents étaient bons! Qui est-ce qui a pu vous entraîner là?

» — Ce sont les *clubs*, dit le misérable en courbant la tête.

» — Et qui donc avez-vous entendu dans ces clubs? *Quels sont les orateurs* qui ont eu une telle action sur votre esprit?

» — Ce sont MM. GARNIER-PAGÈS et JULES SIMON. »

Là-dessus, un grand silence, suivi d'une émotion indescriptible.

« Vous le voyez, Messieurs, s'écrie le capitaine rapporteur, voilà donc ces hommes de désordre et de révolution que nous retrouvons partout depuis nos malheurs ! — A *eux*, ces paroles ont valu *la fortune, l'éclat, la puissance.* Et à *ces misérables*, elles ont valu l'infamie et la mort.

» Certes, nous devons flétrir les insensés qui se sont laissé entraîner jusqu'au crime, et notre devoir est de les séparer à jamais de la société; mais c'étaient des *ignorants*, c'étaient de *pauvres abusés*. Que dirons-nous des hommes dont la *carrière s'est faite par l'émeute*, et qui ne se sont *élevés au pouvoir que sur les cadavres de leurs victimes?* »

(*Le Figaro.*)

JOSEPH MAGNIN.

Le plus incapable des ex-membres du gouvernement de l'incompétence nationale est sans conteste M. Magnin (Joseph), aujourd'hui sénateur.

Né à Dijon, le 1er janvier 1824, M. Magnin ne s'occupait guère que de l'exploitation des forges dont il est propriétaire, lorsqu'en 1863 il se présenta comme candidat de l'opposition dans la première circonscription de la Côte-d'Or. Il fut battu par l'honorable M. Vernier, candidat officiel; mais celui-ci étant passé au conseil d'Etat, M. Magnin arriva au Corps législatif dans une élection partielle.

M. Magnin essaya de suite de se poser à la Chambre, en prenant part à différentes discussions. Il traita spécialement les questions financières, mais sa parole, sans autorité, produisait peu d'effet.

Aux élections générales de 1869, il fut réélu, et, suivant le courant de ses amis de la gauche, il entra en lutte ouverte avec le gouvernement au sujet des discussions sur la réorganisation de l'armée.

On ferait des volumes avec les sottises et les infamies débitées par le « beau Magnin. »

Mais un sentiment profond de tristesse vous gagne à la pensée qu'en face de la Prusse victorieuse, armée, redoutable et menaçante, un député français a pu prononcer du haut d'une tribune française des discours aussi anti-patriotiques que ceux dont nous allons citer quelques extraits:

« Les armées permanentes, en théorie, sont
» jugées et condamnées. L'avenir appartient à la
» démocratie armée...

» La loi que vous faites n'a pour but et n'aura
» pour résultat que d'accroître *encore nos forces*
» et d'épuiser nos finances... Je repousse donc la
» loi parce qu'elle est une surcharge imposée à la
» nation; je la repousse parce qu'elle est anti-
» démocratique, anti-égalitaire, et laissez-moi
» espérer que les mandataires du suffrage uni-
» versel ne voteront pas une augmentation de
» charges aussi considérable. »

Dans la séance du Corps législatif du 21 décembre 1868, M. Magnin disait :

« Je vous ai dit que, à mon avis, les armées per-
» manentes étaient inutiles et condamnées, et
» qu'elles seraient, je l'espérais, prochainement
» remplacées; je ne vous ai pas dit comment je
» désirais qu'elles fussent remplacées, je ne vous

» ai pas indiqué mes opinions à cet égard ; c'est,
» vous l'avez bien prévu, par *l'armement de la na-*
» *tion,* c'est par *l'armée démocratique.*

» Oui, Messieurs, il n'y a que l'armement défi-
» nitif du Pays, alors que nous serions menacés
» par l'étranger, qui pourrait le rejeter hors de
» nos frontières. »

Tel était le langage de cet impudent ex-ministre.

Nommé ministre de l'agriculture et du commerce au 4 Septembre, il montra une incurie désastreuse. Il perdit un temps précieux à s'occuper de questions secondaires, et lorsque Paris fut complètement investi, l'approvisionnement de ses immenses magasins n'était pas plus avancé que lorsque M. Clément Duvernois avait quitté ce ministère. Lui, au moins, avait déployé une activité et une énergie peu communes, car c'est avec les seules provisions qu'il avait entassées dans la capitale, en quelques jours seulement, que Paris put se nourrir pendant les quatre mois du siége.

Non-seulement M. Magnin n'avait rien fait pour augmenter l'approvisionnement, seul moyen cependant de prolonger la résistance, mais encore il ne s'était pas rendu un compte exact des ressources dont pouvait disposer l'administration. Et c'est à un tel point qu'il était impossible d'obtenir de lui des renseignements précis sur la quantité de vivres existant dans les dépôts.

Il venait d'abord assurer, le 7 septembre, qu'on avait du pain pour trois mois. Le 7 octobre il se ravisait, et pensait qu'on pourrait bien en avoir jusqu'en janvier. Le 16 novembre, le général Trochu découvrait à son tour qu'on aurait des vivres au moins jusqu'à la fin de janvier. Puis, oubliant sans doute cette précieuse découverte, le général Trochu faisait savoir à M. Gambetta, le 18 novembre, qu'on aurait des vivres jusqu'au 1er janvier seulement.

Même incertitude pour la viande que pour le pain ! « Le 29 septembre, dit M. Dréo, l'attention du conseil est appelée sur la question de la viande; *on craint des émeutes ;* » et on laisse là la question, comme on faisait toujours lorsqu'on craignait des émeutes. La crainte des émeutes était l'unique principe dirigeant du gouvernement de la Défense nationale.

La crainte des émeutes étant un peu dissipée, on se décide, le 11 octobre, à aborder la question de la viande. On constate qu'il y a de la viande de bœuf pour un mois; que les moutons seront bientôt épuisés; qu'il resterait huit mille vaches, qui fourniront dix jours de vivres; qu'on mangera ensuite de la viande salée.

Le 25 du même mois, M. Magnin garantit qu'on aura de la viande jusqu'aux premiers jours de décembre.

Octobre et novembre s'écoulent ; on arrive aux premiers jours de décembre, assignés comme terme extrême par M. Magnin à la consommation de la viande, et le même M. Magnin constate, dans la séance du 8 décembre, qu'il reste encore 13,000 chevaux à manger : ce qui donnait de la viande fraîche pour vingt-six jours. Il reste aussi 4,000 vaches que l'on conserve pour les ambulances, hôpitaux, etc. M. Magnin est alors heureux d'annoncer que l'on aura de la viande jusqu'au 10 janvier.

Dans la séance du 13 décembre, M. Magnin, requis de nouveau de fournir des détails sur les approvisionnements, constate, cette fois, qu'on aura de la viande jusqu'au 23 janvier, et qu'il restera même à cette date un boni de 4,000 vaches. Le conseil finit par s'émouvoir du peu de précision des chiffres fournis par le ministre. M. Magnin est invité à serrer d'un peu plus près le sujet, et à mettre plus d'exactitude dans ses calculs.

M. Magnin se remet à la besogne, il se prend la tête entre les deux mains, sue à grosses gouttes, additionne de nouveau ses quintaux de blé et ses quintaux de seigle, aligne ses chevaux et ses vaches, et, après s'être donné beaucoup de mal, se présente devant le conseil, qui constate avec douleur que le ministre du commerce ne peut pas sortir de ses calculs. Le 15 décembre, M. Dréo écrivait formellement : « Les renseignements fournis par M. Magnin *paraissent être peu exacts*, et ne reposer que sur des estimations et non pas sur des inventaires de magasins. » On arriva ainsi à la veille de la capitulation sans avoir pu sortir de cette opération si simple que le moindre commerçant sait mener à bonne fin et qu'on appelle un inventaire. Telle était la capacité de ce produit du 4 Septembre. Il n'avait même pas la vigueur d'esprit nécessaire pour conduire et diriger les opérations administratives les plus simples. Les vivres manquèrent avant qu'il eût trouvé le moyen d'en faire le recensement.

Le 8 février 1871, M. Magnin fut nommé député à l'Assemblée nationale par le département de la Côte-d'Or, mais il n'entra point dans la composition du premier ministère de M. Thiers, et remit son portefeuille à M. Lambrecht.

La vie politique de M. Magnin, quoique courte, a été trop longue encore pour les intérêts de la France. Il serait permis de le juger sévèrement, et, Dieu merci, il y a matière pour cela; mais nous le laissons aux prises avec ses concitoyens, dont il n'a plus à attendre le mépris; il est marqué d'une marque ineffaçable, il a trempé dans le crime de Septembre; il est un des héros de la décadence nationale.

EUGÈNE PELLETAN.

Pelletan (Pierre-Clément-Eugène) est né le 29 octobre 1813 à Royant (Charente-Inférieure.) Après avoir terminé ses études à Poitiers, i .. t suivre les cours de droit à Paris, et débuta dans la littérature en 1837.

Pendant plusieurs années il collabora à la rédaction de *la Presse*, et en 1849 rédigea avec M. Arthur de la Guéronnière *le Bien public*, journal de M. de Lamartine.

Eugène Pelletan se faisait alors remarquer par un style pompeux et ampoulé, qui dénotait déjà l'esprit tapageur du futur « irréconciliable. »

En 1863, nommé député au Corps législatif, comme candidat de l'opposition, dans la 9° circonscription de la Seine, son élection fut annulée pour vice de forme; mais réélu le 13 décembre 1864, il prit rang à la Chambre au nombre des députés les plus violents de la gauche.

Lorsqu'il fut donné une plus grande liberté à la presse, E. Pelletan fonda, avec Glais-Bizoin et Lavertujon, le journal hebdomadaire *la Tribune*, dont il fut le rédacteur en chef.

A l'approche des élections générales de 1869, M. Pelletan se montra dans un grand nombre de réunions publiques, qui à cette époque se multipliaient dans toute la France. Ayant maintenu sa candidature radicale dans la 9ᵉ circonscription de la Seine, il fut réélu.

A l'exemple de ses amis et complices de l'opposition, toutes les mesures de salut proposées par le gouvernement furent vivement combattues par lui.

La discussion du projet de loi sur la réorganisation de l'armée amena plusieurs fois M. Pelletan à la tribune. « Messieurs, disait-il, je comprendrais » les *pompiers* armés pour le cas d'une invasion ; » mais une invasion est-elle possible ? On s'indi- » gnerait si je formulais une prévision semblable, » et on aurait raison. » . . . .

Dans une autre séance, M. Pelletan déclare que le *militarisme* est la plaie de notre époque : « Nous voulons une armée qui n'en soit pas une, » s'écriait-il.

Nous n'en finirions pas s'il nous fallait rapporter toutes les insanités que cet impudent a débitées ou écrites. Les extraits que nous avons donnés de ses discours suffisent pour juger un pareil homme.

Au 4 Septembre, Pelletan joua un rôle odieux.

Écoutons le général Palikao, dans son livre *Un Ministère de la guerre* :

« Ce que je puis affirmer, sans crainte de me
» tromper, c'est que, pendant la délibération dans
» les bureaux, plusieurs députés de la gauche,
» entre autres M. Picard et M. Pelletan, excitaient
» les envahisseurs à proclamer la république,
» dans la salle des Pas-Perdus.

» M. Picard était monté sur un tabouret près de
» la porte d'entrée, et en ce moment, je dus re-
» pousser énergiquement les attaques de M. Pel-
» letan, qui, par les agressions les plus violentes,
» cherchait à ameuter contre moi cette foule in-
» consciente des malheurs qu'elle préparait à la
» France. »

N'oublions pas de noter encore que c'est M. Pelletan qui, le soir du 4 Septembre, alla chercher Eudes, l'assassin, et le fit sortir de prison. On assure même que ce fut dans une voiture de la cour qu'il s'acquitta de cette mission.

Pendant le siége de Paris, M. Pelletan fut un des défenseurs les plus énergiques de la presse radicale et des caricatures obscènes qui s'étalaient aux vitrines de tous les marchands d'images.

Il exerça pendant quelques jours, en janvier 1871, la délégation du ministère de l'instruction publique, des cultes et des beaux-arts, puis se rendit à Bordeaux, en compagnie de Garnier-Pagès et de Jules Simon, pour annuler le fameux décret de Gambetta sur les inéligibilités.

Réélu député à l'Assemblée nationale par le département des Bouches-du-Rhône, M. Pelletan continua de siéger à l'extrême gauche; mais il semble avoir eu la pudeur de la honte, il ne prit plus que rarement part aux discussions de la Chambre.

CRÉMIEUX.

C'est la biographie du plus laid de tous les héros de la décadence nationale que nous allons essayer d'ébaucher en quelques lignes.

Crémieux (Isaac-Adolphe) est né à Nîmes, d'une famille israélite, le 30 avril 1796.

Il fit une partie de ses études au collége Louis-le-Grand, à Paris, et alla suivre les cours de droit à la faculté d'Aix. Reçu avocat en 1817, il se fit inscrire au barreau de sa ville natale, où il eut à plaider dans plusieurs procès politiques.

M. Crémieux, ayant acheté de M. Odilon-Barrot la charge d'avocat à la cour de cassation, vint se fixer à Paris.

Bientôt il fut recherché pour défendre les journaux qui, par leur violence et leur mauvaise foi, étaient traduits devant les tribunaux correctionnels; successivement il plaida pour *le National, la Tribune, la Gazette de France*, etc.

En 1840, M. Crémieux fit un voyage en Turquie pour essayer d'obtenir l'acquittement de ses coreligionaires, les Juifs de Damas, accusés d'actes de cruauté contre un prêtre catholique.

Envoyé par l'arrondissement de Chinon, M. Crémieux entra à la Chambre en 1842. Adversaire de M. Guizot, il fut mêlé à l'agitation réformiste.

Lors de la révolution de février 1848, après s'être prononcé pour la régence de la duchesse d'Orléans, Crémieux se laissa entraîner par le mouvement insurrectionnel, accepta une place dans le gouvernement provisoire, et réclama énergiquement la proclamation de la république. Comme bien on le pense, Crémieux eut une part dans le partage des portefeuilles, le ministère de la justice lui fut dévolu. Là, il se livra à une vraie hécatombe de magistrats royalistes.

Envoyé à l'Assemblée constituante par le département d'Indre-et-Loire, il présenta une proposition tendant au rétablissement du divorce en France; cette proposition fut repoussée à l'unanimité par la Chambre.

Crémieux fut peu sympathique au gouvernement du général Cavaignac et favorisa même la candidature du prince Louis-Napoléon. Mais après l'élection du 10 décembre, il se rapprocha de la montagne, et devint l'un des orateurs les plus ardents de l'opppsition.

Réélu à l'Assemblée législative, il combattit de toutes ses forces la politique de l'Elysée. Arrêté au coup d'Etat du 2 décembre, Crémieux fut conduit à Mazas. A partir de cette époque il se tint en dehors des affaires publiques jusqu'aux élections générales de 1869. C'est alors que, pendant la période qui précéda l'ouverture du scrutin, il se fit remarquer dans les réunions publiques à Paris. Candidat de l'opposition dans la deuxième circonscription de la Drôme, il échoua contre M. Monnier de la Sizeranne, présenté par le gouvernement.

Au 4 Septembre, Crémieux fit partie du gouvernement de l'incurie nationale, et le lendemain, ce revenant de 1848 s'emparait du portefeuille du ministre de la justice.

Son premier acte fut l'abolition du serment constitutionnel.

A la veille de l'investissement de la capitale, le gouvernement l'envoya à Tours, avec Glais-Bizoin, former ce qu'on était convenu d'appeler la délégation. Pendant plusieurs semaines, Crémieux et Glais-Bizoin se disputèrent les ministères, tous les deux voulaient être ministre de la guerre. Il ne fallut rien moins que l'arrivée du citoyen Gambetta pour les mettre d'accord.

Malgré la présence du dictateur, Crémieux se crut toujours un homme important (en fait, il valait bien son collègue borgne), et ce qui le prouve, c'est le fait à peine croyable, raconté devant la commission d'enquête, par une créature des hommes du 4 Septembre, M. le général Le Flô.

« Ces messieurs avaient admis en principe que,
» pour être bon capitaine, il ne fallait pas savoir
» un mot de son métier. M. Crémieux, par
» exemple, arrêtait dans la rue un homme dont
» la physionomie lui revenait, et lui disait : « Se-
» riez-vous capable de commander une armée?...
» n'avez-vous pas un plan, une idée militaire
» quelconque? Nous ferons de vous n'importe
» quoi (1). »

Crémieux s'associa naturellement à toutes les mesures prises par le citoyen Gambetta, et n'hésita pas à contresigner l'odieux décret qui frappait d'inéligibilité, pour les élections du 8 février 1871, tous les individus qui, depuis le 2 décembre 1851 jusqu'au 4 septembre 1870, avaient accepté des fonctions politiques ou des candidatures officielles.

Comme ministre de la justice, Crémieux a été plus loin encore, il a rendu, de lui-même, un décret dépossédant de leurs siéges et excluant de la magistrature les magistrats qui avaient fait partie des commissions mixtes.

Aux élections du 8 février, les électeurs trouvèrent qu'il avait assez travaillé à la destruction de la France, ils ne jugèrent pas à propos de lui confier le mandat de député; aucun département

(1) Déposition du général Le Flô, t. III, p. 623.

ne se souciait, il faut le croire, d'être représenté par ce laid et hideux vieillard. Crémieux déposa donc son portefeuille, avec sa démission de membre du gouvernement, entre les mains du président de l'Assemblée nationale, et se retira pour toujours, espérons-le, des affaires publiques.

Voilà la biographie écourtée de cet avorton, de ce petit singe, de ce petit monstre, semblable et tout pareil aux diables qui sortent des jouets d'enfants.

C'est assez, laissons-le avec sa conscience..... Comme tous les hommes avec lesquels il a partagé le pouvoir, Crémieux doit avoir les idées très-embrouillées aujourd'hui. Il disparaîtra de la scène du monde sans trop savoir quel rôle il y a joué ni quel but il se proposait.

JULES FERRY.

Le 5 avril 1832, la petite ville de Saint-Dié (Vosges) a vu naître celui qui plus tard devait être le citoyen Ferry (Jules).

En 1851, il entra au barreau de Paris, et collabora pendant quelque temps à la *Gazette des Tribunaux*.

En 1864, Jules Ferry fut compris dans le « procès des Treize; » en 1845, il entra à la rédaction du journal *le Temps;* là, il traita avec une grande animosité les questions de politique courante. L'administration de M. Haussmann, alors préfet de la Seine, fut notamment attaquée avec passion par ce rhéteur ambitieux; la polémique irritante engagée à ce sujet se termina par une publication ayant pour titre les *Comptes fantastiques d'Haussmann*. Ce pamphlet, d'assez mauvais goût, où la mauvaise foi ne le cède qu'à l'ignorance et à la sottise, n'eut qu'un mince succès.

Aux élections de 1863, J. Ferry s'était porté à Paris contre Garnier-Pagès; il ne maintint pas sa candidature, mais aux élections de 1869, il se présenta dans la 6ᵉ circonscription de la Seine. Malgré tous ses efforts, malgré sa présence dans les réunions publiques, où il essaya de pérorer, il ne fut élu qu'à un scrutin de ballottage.

En compagnie de ses collègues de la gauche, J. Ferry s'opposa au projet présenté par le gouvernement sur la réorganisation de l'armée.

Lors de la criminelle révolution du 4 Septembre, J. Ferry entra dans la composition du gouvernement de la défaite nationale. Il y occupa les fonctions de secrétaire, et fut délégué à la préfecture de la Seine, où il désorganisa en peu de jours les services établis.

« Dans la soirée du 5 septembre, le lendemain
» de la révolution qui avait porté au pouvoir
» M. Ferry et ses collègues les députés de Paris,
» un de nos amis qui venait de se démettre de ses
» importantes fonctions, dit à M. Ferry : — Je
» pense que vous allez du moins convoquer le plus
» tôt possible une Assemblée constituante! — Une
» Assemblé constituante! s'écria M. Ferry, en
» appuyant son exclamation de ce geste noble
» qui consiste à se frapper la cuisse avec le plat
» de la main et à relever ensuite celle-ci à la hau-
» teur du nez; une Assemblée constituante! Ja-
» mais!!! pas si bête!!! » (1)

(1) *Le lendemain de l'Empire,* par A. Vitu. — Lachaud et Burdin, éditeurs.

Voilà le cas que M. Ferry et ses amis faisaient du suffrage universel.

Le 31 octobre, J. Ferry siégeait à l'Hôtel-de-Ville; on ne sait au juste ce qu'il y faisait. Cependant les dépositions devant la commission d'enquête affirment qu'à cette époque, ainsi qu'au 22 janvier, J. Ferry couvrait les émeutiers de sa protection.

« Quel fut mon étonnement, mon chagrin, en
» apprenant que tous les hommes qui avaient été
» arrêtés avaient été mis en liberté !
» Voici ce qui s'était passé; c'est là un rensei-
» gnement que j'affirme :
» A quatre heures du matin, MM. Etienne
» Arago et J. Ferry étaient venus trouver le com-
» mandant de Leggo, et lui avaient donné l'or-
» dre de remettre en liberté 280 et quelques in-
» surgés pris les armes à la main, qui avaient été
» arrêtés, désarmés et enfermés dans les caves.
» Non-seulement on donna l'ordre de les remettre
» en liberté, mais on voulut bien leur rendre leurs
» armes (1). »

Le 15 novembre 1870, après la démission de M. Arago, J. Ferry fut délégué à la mairie centrale; c'est à ce titre que le 18 janvier 1871 il présida l'assemblée des maires dans laquelle fut dé-

---

(1) Déposition du général Ducrot.

cidé le rationnement du pain. Le 20 du même mois, il ordonnait que des perquisitions auraient lieu au domicile des personnes absentes, dans le but de rechercher des comestibles.

Lors des élections du 8 février, le recensement général des votes dura plus de huit jours à Paris ; dans cette circonstance, J. Ferry fit preuve d'une incurie et d'une négligence des plus coupables. Le département des Vosges lui confia néanmoins le mandat de député à l'Assemblée nationale.

Administrateur du département de la Seine jusqu'au 18 Mars, M. Thiers le nomma préfet le 24 mai. Cette nomination fut mal accueillie par tous les partis, la presse fut unanime pour attaquer vivement cet acte impopulaire. Il ne put rester plus de dix jours dans ses nouvelles fonctions, M. Léon Say lui fut donné pour successeur.

Le 15 mai 1872, un décret appelait M. J. Ferry à l'ambassade de France à Athènes.

« M. J. Ferry, vous le connaissez, dit M. Adolphe
» Caillé dans sa remarquable brochure *l'Empereur*
» *et ses détracteurs,* le sort voulut qu'il succé-
» dât au grand administrateur qui fut M. Hauss-
» mann ; il fut, lui, un préfet de tous points dé-
» testable. Il avait été sous l'Empire le champion
» des *destructions nécessaires;* armée, magistra-
» ture, justice, gouvernement, il jetait tout par
» terre; il estimait fort les *braves gens* de l'Inter-

» nationale. Depuis, il s'est fait conservateur
» muet, lui qui était révolutionnaire loquace.
» M. Thiers l'a condamné au supplice de Tantale,
» en lui montrant au-delà de l'Atlantique une
» ambassade prestigieuse. »

Voilà, en quelques lignes ce que fut ce triste produit de l'émeute. Les hommes de son espèce seront toujours la honte des gouvernements qu'ils ont servis. Il est vrai que le gouvernement du 4 Septembre, sorti de la trahison et du crime, ne pouvait se montrer difficile. Mais il appartient à un gouvernement honnête de faire disparaître pour toujours, brutalement et sans phrases, tous ces héros de nos malheurs.

M. J. Ferry est le frère de ce trop fameux Charles Ferry, ex-préfet de Saône-et-Loire, puis commissaire extraordinaire du gouvernement en Corse à l'époque de la candidature du prince Napoléon au conseil général.

GLAIS-BIZOIN.

Cette curiosité empaillée qui a nom Glais-Bizoin (Alexandre) est née à Quintin (Côtes-du-Nord) le 9 mars 1800.

Reçu avocat en 1822, il s'associa de bonne heure aux luttes ardentes de l'opposition libérale contre le gouvernement de la Restauration. Nommé député de l'arrondissement de Loudéac après la révolution de Juillet, il conserva ce mandat jusqu'en février 1848. Sa place fut constamment marquée à l'extrême gauche, d'où il ne cessa de réclamer la complète application des principes de 1789.

Glais-Bizoin prit une part des plus actives à la campagne des banquets réformistes, et signa l'acte d'accusation contre le ministère Guizot, présenté par M. Odilon-Barrot.

A l'avènement de la république, élu président du comité démocratique, siégeant au Palais National, Glais-Bizoin continua de voter avec la gauche. Après l'élection du 10 décembre, il combattit vivement la politique du Prince-Président. N'ayant pas été réélu à l'Assemblée législative, il rentra dans la vie privée, d'où il ne ressortit qu'en 1863. A cette époque il fut envoyé au Corps législatif, comme candidat de l'opposition, par la première circonscription du département des Côtes-du-Nord. Ayant repris sa place sur les bancs de la gauche, il vota contre toutes les lois proposées par le gouvernement impérial, et ne se fit guère remarquer que par sa grotesque originalité. En 1869, aux élections générales, sa candidature échoua, dans son arrondissement, contre celle du général de La Motterouge, présentée et soutenue par l'administration. Porté, comme candidat de l'opposition dans la quatrième circonscription de la Seine aux élections partielles de novembre, il fut enfin élu au second tour de scrutin.

En 1868, Glais-Bizoin a été l'un des fondateurs du journal *la Tribune française*, dont il devint le directeur.

Dans la séance du 18 juillet 1870, il déclara qu'il avait voté contre la guerre, mais, bientôt pris, sans doute, d'un remords, il donne son concours à toutes les dispositions prises par le gouvernement.

Aux premiers échecs subis par nos armes, Glais-Bizoin signa, avec M. de Kératry, la motion demandant que le maréchal Le Bœuf fût traduit devant une commission d'enquête.

Le 4 Septembre, M. Glais-Bizoin est devenu membre du gouvernement de la Défense nationale, on ne sait trop pourquoi ; probablement parce qu'il s'est trouvé là dans le moment et qu'il a apposé sa signature à côté de celles de M. Gambetta et consorts au bas des premiers décrets qui constituaient ce gouvernement issu de l'émeute.

Le 16 septembre, Glais-Bizoin fut délégué, avec Crémieux et Fourichon, pour aller à Tours former la délégation du gouvernement central.

« Quand l'ennemi frappait aux portes de la ca-
» pitale, — dit M. Démenech, — Paris ne trouva
» rien de mieux à nous envoyer en province, pour
» sauver la France, que deux ruines portant cette
» étiquette : Crémieux, Glais-Bizoin !... Ces deux
» bons hommes perdirent plus d'un mois à faire
» et à défaire des juges et des maires, à baptiser
» et à débaptiser les rues, à s'occuper de timbres-
» poste, en un mot, de tout ce qui n'était pas la
» défense nationale. Cette perte de temps a permis
» aux Prussiens de se répandre dans le centre de
» France..... »

Glais-Bizoin et Crémieux furent constamment en désaccord au sujet du ministère de la guerre, dont chacun revendiquait le portefeuille. A ce sujet, nous trouvons dans les rapports de la commission d'enquête de curieuses révélations.

« M. de Sugny. — Vous pouvez être explicite
» sur ce point, sans le moindre scrupule, car nous
» avons, sur ces scènes, le témoignage de plu-

» sieurs personnes. Quand on se disputait le por-
» tefeuille de la guerre, est-il vrai que M. Glais-
» Bizoin disait à M. Crémieux : — « Si vous étiez
» ministre de la guerre, l'Europe entière ne pour-
» rait pas s'empêcher de rire ; » — et que M. Cré-
» mieux répondait à M. Glais-Bizoin : — « Si vous
» l'étiez, ce serait la France qui éclaterait de
» rire. »

« M. MARC-DUFRAISSE. — Puisque vous con-
» naissez les faits, il n'est pas nécessaire que
» j'entre dans les détails; il me serait d'ailleurs
» pénible d'y insister (1). »

M. Glais-Bizoin ne peut ignorer que sa position de membre du gouvernement n'a jamais été prise au sérieux. Il jouissait de fort peu de considération à Tours, et ses collègues ne faisaient pas grand cas de lui. Comme preuve de son débraillé, écoutons M. le général d'Aurelles de Paladine :

« Un jour, je voulus aller faire une visite à
» M. Glais-Bizoin; on me dit que si je voulais le
» rencontrer, ce ne serait que vers huit heures du
» matin. J'y allai, il était entouré d'une dizaine de
» personnes, et passait dans une pièce dont la
» porte était ouverte. A ce moment, je ne le con-
» naissais pas encore. Je demandais qu'était ce
» monsieur, qui passait dans la pièce à côté. On
» me dit : « C'est M. Glais-Bizoin. » — Il avait

(1) T. IV, Déposition Marc-Dufraisse, p. 440.

» une tenue tellement excentrique, que je déposai
» ma carte et je m'en allai. Il était tout-à-fait en
» négligé ; sa tenue était, je ne trouve pas d'autre
» expression pour peindre ma pensée, débraillée.
» Il avait un veston rouge, couleur solférino, un
» caleçon de flanelle et des pantoufles (1). »

Ah ! vraiment, on reconnaît bien là ces gens stupides et grossiers que la France a eu le triste courage de subir, pendant de longs mois, à la tête des affaires publiques, alors qu'un cruel ennemi, amené par eux, dévastait nos riches provinces, rançonnait nos villes et nos campagnes, et couvrait nos plaines des cadavres de nos enfants, de nos frères, de nos amis !...

Triste ! triste !

Glais-Bizoin fut accusé, dans les premiers jours de février 1871, d'avoir vendu ses biens, réalisé sa fortune, et d'être passé en Angleterre avec une certaine somme des deniers publics. Notre impartialité nous oblige de dire que, jusqu'à ce jour, aucune preuve n'a été fournie à l'appui de ces bruits.

Aux élections du 8 février 1871, Glais-Bizoin ne fut élu par aucun département. Pas content de rentrer de force dans la vie privée, il vint à Paris au moment de l'insurrection du 18 mars. Le 13 mai il fut arrêté par ordre de Raoul Rigault,

(1) Déposition du général d'Aurelles de Paladine.

mais, le lendemain, il était relâché sous la promesse de ne point quitter la capitale et de se *présenter de temps en temps à l'Hôtel-de-Ville ;* ce qu'il ne manqua pas de faire.

Le jour où la colonne Vendôme tomba devant la fureur de la Commune (16 mai 1871), M. Glais-Bizoin assistait, comme spectateur, à ce crime national ; on dit même qu'il agitait joyeusement son chapeau.

Le 26 mai, lorsque les dernières bandes de l'armée des fédérés furent vaincues, Glais-Bizoin, toujours joyeux, arriva à Versailles. Sur un ordre du gouvernement, il fut immédiatement mis en état d'arrestation ; mais, par des interventions venues de hauts lieux, il fut promptement rendu à la liberté.

S'étant présenté aux élections complémentaires du 2 juillet 1871, il échoua. Encore une fois forcé de rentrer dans la vie privée, il employa la petite influence qui lui restait auprès de ses anciens complices, à favoriser l'évasion des communards.

Un exemple :

Lettre de Glais-Bizoin à la fille d'un nommé Simon Mayer, ex-commandant de la place Vendôme, sous la Commune.

« Paris, 7 juillet 1871.

» Mademoiselle,

» Je crains que vous n'ayez pas bien exposé la

situation de M. votre père. M. Thiers ne pouvait pas empêcher les arrestations faites par la justice; *n'ayant pas le droit de faire grâce, nous sommes convenus avec M. Barthélemy Saint-Hilaire qu'il favoriserait sa sortie de France,* laquelle, je l'espère, ne sera que momentanée, en donnant une mission à un ami de M. Mayer. Sur son *passeport,* il sera mis qu'il emmène deux personnes de sa suite qu'on ne nommera pas.

» Je viens de trouver la carte de M. B..., qui m'a dit être très-ami de M. Mayer, et prêt à lui offrir ses bons services.

» Si Mayer n'avait personne en situation de l'accompagner, il pourrait s'adresser à M. B..., et, s'il acceptait, nous nous donnerions rendez-vous à *Versailles,* à 9 heures du matin, *à la préfecture,* le mardi ou le vendredi.

» En attendant, M. Mayer doit être prudent dans ses sorties.

» Je vous écris bien à la hâte et vous offre mes hommages.

» GLAIS-BIZOIN. »

« P.-S. — Je suis à Forges-les-Eaux (Seine-et-Oise). »

Il serait assez difficile de définir le caractère du citoyen Glais-Bizoin. C'est un fantoche... On ne lui impute aucune coquinerie, mais il n'en est pas moins un triste, malpropre et grotesque personnage.

Nous ne lui voulons pas de mal, à ce vieux républicain ; mais, pour rester dans le vrai, disons que généralement on éprouve plutôt un sentiment de mépris que d'estime pour cette antique et grimaçante figure, hélas ! déchue de ses grandeurs.

DE KÉRATRY.

Kératry (Emile, comte de) est né à Paris le 20 mars 1832. Ancien élève du lycée Louis-le-Grand, il entra comme volontaire dans le 1er régiment des chasseurs d'Afrique, le 30 septembre 1851. Il fit la campagne de Crimée et passa successivement au 1er régiment de spahis et au 1er régiment de cuirassiers. Le 31 octobre 1859, de Kératry fut nommé sous-lieutenant au 5e régiment de lanciers, et, en 1861, pour faire la campagne du Mexique, il permuta au 3e régiment de chasseurs d'Afrique. En 1864, capitaine, à titre provisoire, il devenait officier d'ordonnance du maréchal Bazaine. Le 29 janvier 1865, M. de Kératry donna sa démission d'officier; il avait été décoré de la Légion-d'Honneur après le combat de San Lorenzo.

Rentré en France, il s'occupa de littérature et de politique. Collaborateur de la *Revue contemporaine*, ses articles servirent de fondement à l'opposition pour attaquer le gouvernement de l'Empereur ainsi que son ancien chef le maréchal Bazaine, sur la guerre du Mexique et sur les conditions faites à Maximilien. M. Rouher n'eut pas de peine à réduire à néant les attaques passionnées de ce jeune et inconséquent journaliste.

En mai 1869, M. de Kératry posa sa candidature dans la 2ᵉ circonscription du département du Finistère ; il fut élu au second tour de scrutin.

Dans la session de cette même année il signa l'interpellation des 116. La Chambre ayant été prorogée, M. de Kératry engagea ses collègues, par la voie des journaux, à « lutter contre le gouvernement sur le terrain de la légalité » si une nouvelle convocation du Corps législatif n'avait pas lieu avant le 26 octobre, époque à laquelle, suivant lui, expirait le délai constitutionnel. Cette espèce d'appel à la révolte ne fut entendu que du citoyen Gagne, qui se rendit à pied jusqu'à la grille du palais Bourbon pour protester contre l'*archi-illégalité*.

M. de Kératry fut hostile aux projets présentés par le gouvernement sur l'armée de ligne. Peu de temps avant l'ouverture de la campagne contre la Prusse, il prononça à la tribune les paroles suivantes :

« Le ministre demande encore cette année 400
» mille hommes, qui coûteront 370 millions. C'est
» trop. Pourquoi une si grosse armée et une si
» forte dépense ?

» Évidemment en vue de la Confédération du

» Nord. Or, l'armée de la Confédération, y compris
» celle de la Prusse, se compose seulement de 299
» mille hommes coûtant à peine 254 millions, soit
» 100 mille hommes et 116 millions de moins que
» chez nous.

» On a réduit le recrutement de notre armée à
» 90 mille hommes, au lieu de 100 mille ; ce n'est
» pas assez. Il faut le réduire à 80 mille pour
» venir au contingent normal qui existait autre-
» fois. »

M. de Kératry avait sans doute oublié ces autres paroles prononcées également par lui au Corps législatif :

« Je pense, disait-il, que la Prusse a oublié ce
» qu'était la France d'Iéna et qu'il faut le lui
» rappeler. En parlant ainsi, je réponds aux sen-
» timents de ceux qui m'ont envoyé dans cette
» enceinte; je traduis l'opinion de l'immense ma-
» jorité du Pays. »

La révolution du 4 Septembre valut à M. de Kératry le titre et les fonctions de préfet de police. Voyons s'il fut à la hauteur des circonstances et répondit à ce que la population de Paris était en droit d'attendre de ce fonctionnaire, dans un moment si plein de dangers.

« Voici ce qu'on apprend maintenant de M. de
» Kératry, pendant son passage à la préfecture de
» police. Il ne s'est pas borné à révoquer des fonc-

» tionnaires de mérite et honorables (46 com-
» missaires de police sur 80 à Paris, et 12 sur 20
» dans la banlieue); il les a remplacés par des
» hommes tarés, méprisés et méprisables, et dont
» quelques-uns méritaient d'être poursuivis pour
» les délits les plus graves. » (Un de ces com-
missaires, ancien marchand de vin, traiteur, recevait chez lui des filles de bas étage, et même des
filles mineures, cas de police correctionnelle.)
« Mais c'étaient des républicains recommandés
» par des républicains ! Sa conduite à l'égard des
» sergents de ville a été surtout odieuse : ces
» honnêtes et courageux soutiens de l'ordre
» étaient, depuis le 4 Septembre, poursuivis par
» la haine d'une population aveugle et ingrate,
» et obligés de se cacher. M. de Kératry s'est
» bien gardé de prendre leur défense, ou de
» penser à utiliser leur dévouement au profit de la
» paix publique; il n'a songé qu'à les punir. La
» plupart, anciens militaires, étaient âgés, mariés,
» pères de famille; il les rappelle au service, ils
» redeviendront soldats, mais soumis à un règle-
» ment particulier (1). »

Ayant complètement désorganisé le service si utile de la police à Paris, il proposa au gouvernement la suppression de la préfecture de police. Son rapport, d'abord approuvé, amena la retraite de

(1) Eugène Loudun, *Journal d'un Parisien.*

M. de Kératry, qui fut remplacé par M. Edmond Adam. Quelques jours après, M. de Kératry partait en ballon, chargé, soi-disant, d'une mission en Espagne.

Le 22 octobre, M. de Kératry fut nommé général de division commandant en chef les troupes mobilisées de la Bretagne. L'incapacité militaire de ce lieutenant, devenu d'emblée général, rendit inutiles les régiments dont il disposait. Qui ne se rappelle cette lamentable et douloureuse histoire du camp de Conlie, où des milliers de braves, ne demandant qu'à marcher sur l'ennemi, étaient parqués dans un complet dénûment, sans vivres, sans vêtements et sans armes? M. de Kératry, auquel le gouvernement avait accordé un crédit de dix millions pour la formation de ce fameux camp, se retira, après avoir gaspillé l'argent de la France, sous prétexte que le ministre de la guerre refusait d'approuver l'ordre donné par lui d'empêcher les enrôlements des hommes mobilisés pour les corps-francs de MM. Charette et Cathelineau.

Après cette retraite tapageuse, n'eut-il pas l'incroyable aplomb de demander à M. Gambetta de partager le pouvoir avec lui?

La dépêche suivante ne laisse aucun doute à cet égard.

« Général Kératry à Steenackers, directeur des
  » télégraphes. — Bordeaux.

» Nantes, 18 décembre 1870.

(Pour remettre immédiatement et confidentiellement à Gambetta.)

» La France touche au plus effroyable désastre
» qu'elle ait jamais subi ; encore huit ou quinze
» jours, si la province ne vient pas à son secours,
» *Paris est livré. La Commune triomphe*, et le Pays
» reste sans gouvernement devant l'ennemi, qui
» lui imposera toutes les humiliations, tous les sa-
» crifices et peut-être la Régence. A mon avis
» mûrement réfléchi, le Pays peut encore et sûre-
» ment être sauvé. Je vous demande, pour un
» mois, le ministère de la guerre et de la marine ;
» vous conserverez seulement l'intérieur. Nous
» serons ensemble à la peine et à l'honneur. Nous
» signerons ensemble les résolutions graves qu'il
» faut prendre immédiatement, et que je prétends
» devoir assurer le salut du Pays d'ici à un mois,
» le temps juste que Paris peut encore tenir s'il
» ne se sent secouru. »

M. Gambetta rejeta cette impudente requête.

Rentré dans la vie privée, M. de Kératry se tint en dehors de la politique jusqu'à l'avènement au pouvoir de M. Thiers, qui le nomma préfet de la Haute-Garonne, et le fit passer plus tard (15 nov. 1871) à la préfecture des Bouches-du-Rhône. Le 4 août 1872, M. de Kératry donna sa démission.

C'est sous le principat de M. Thiers que M. de Kératry fut nommé officier de la Légion-d'Honneur, puis commandeur ; nous ne voyons rien cependant dans les services rendus au Pays qui puisse justifier une semblable faveur.

Dans les papiers secrets des Tuileries, qui furent publiés d'une manière si incomplète par les lâches de Septembre, on trouva une lettre de M. de Kératry, demandant à être nommé officier d'ordonnance de Sa Majesté l'Impératrice, et s'appuyant sur *son dévouement bien connu*. Cette lettre, comme tant d'autres, ne fut pas publiée.

Sans encourir une dose de responsabilité aussi grave que ses complices, la conduite de M. de Kératry, depuis 1870, n'est certes pas exempte de reproches sévères. Des actes coupables sont à son dossier. A l'exemple des misérables avec lesquels il a partagé le pouvoir, son ambition et son orgueil ont toujours passé avant les intérêts de la France. L'histoire de l'un est l'histoire de tous : au milieu des malheurs les plus grands, on les a retrouvés partout ces mêmes turbulents de l'Empire, occupés d'eux-mêmes, sans conscience du passé, insouciants du présent, se moquant de l'avenir, se décriant entre eux, et prouvant à ceux qui les avaient prônés qu'ils les avaient trompés.

CONCLUSION.

Enfin, on le sait aujourd'hui, les hommes du 4 Septembre sont cause de tous les maux de la France.

En s'emparant du pouvoir, à l'aide de la plus infâme des émeutes, en présence de l'ennemi, ils empêchèrent la France d'accepter, le lendemain de Sedan, les propositions de paix qui lui étaient faites et qu'offrait d'appuyer la Russie.

Or, ces propositions, bien moins rigoureuses que celles qu'avait subies la Prusse après Iéna, se réduisaient au démantèlement de Strasbourg et de Metz et aux frais de la guerre.

Deux mois plus tard, le 30 octobre, c'est M. Thiers lui-même qui l'a déclaré dans l'enquête parlementaire, la Prusse offrit de traiter, moyennant la cession de *l'Alsace et deux milliards*, ajoutant, c'est toujours M. Thiers qui le constate, que si la guerre était continuée, la paix coûterait, dans ce cas, *l'Alsace, la Lorraine et cinq milliards.*

Tout cela est certain, authentique, officiel. Les misérables du 4 Septembre coûtent à la France *deux provinces et quatre milliards*, la vie des braves morts de froid et de misère, pendant la dictature de ces organisateurs du vol et de la défaite, et ce sont eux qui nous insultent.

Et pourquoi, le 4 septembre et le 30 octobre ont-ils refusé de faire la paix? Est-ce qu'ils voulaient se battre? Oh! non, ils voulaient d'abord s'emparer du pouvoir, ensuite le garder, piller la France à l'aide d'exactions dont l'ensemble a déjà été consigné dans l'enquête parlementaire, et lui imposer, en bâillonnant toutes ses libertés, leur république, cette digne sœur de la sanglante Commune!

Eux se battre? Allons donc! Ils s'en sont bien gardés. Avoir du cœur, de l'honneur, du patriotisme, c'était bon pour la jeunesse légitimiste et bonapartiste; mais ces hommes du 4 Septembre, mais ces vampires de 1848 se sont rués sur le budget pour se gorger, et sur les places pour dominer.

De tous, le plus couard, le borgne de Cahors, se signalait par ses hâbleries balconnières, imposant par décret la victoire aux généraux, et fuyant, fuyant toujours, de Tours à Bordeaux, de Bordeaux à Saint-Sébastien; la première fois devant l'ennemi, la seconde peut-être devant la justice. Car de qui donc aurait-il eu peur, lorsque, les Prussiens partis, il se réfugiait en Espagne, si ce n'est de la cour d'assises?

Donc, tous ces bandits politiques dont nous venons de tracer la vie en quelques lignes, avaient refusé la paix, cela est prouvé, pour asseoir leur domination, et après avoir pris à la France *deux provinces et quatre milliards*, les misérables lui ont encore pris sa liberté.

Ils ont dissous les municipalités, et livré les communes aux ivrognes, prostituant l'écharpe en la confiant aux hommes auxquels les populations avaient retiré la considération; ils ont dissous les conseils généraux, faisant administrer les finances des départements par des compères, dont l'indulgence couvrait les marchés frauduleux et les voleries; enfin, lorsque le moment est venu où la France a dû être débarrassée, par une représentation régulière, de cet ignoble régime du 4 Septembre, le borgne de Cahors a, par un décret, exilé à l'intérieur et frappé de déchéance politique toute cette génération intelligente, éprouvée, aimée, qui avait servi la France sous l'Empire.

Il a fallu que M. de Bismarck déclarât qu'il ne traiterait pas avec une Assemblée élue de la sorte pour faire retirer ce décret; et les hommes du 4 Septembre porteront éternellement cette honte, ajoutée à toutes les autres, d'avoir vu la liberté de la France défendue contre eux par les Prussiens.

Voilà les hommes qui insultent et qui menacent! Ils voient un peu tard que la France les connaît, les méprise, les exècre; et c'est pour cela qu'ils reculent épouvantés devant l'Appel au Peuple, comme ils ont toujours reculé devant l'ennemi.

Et quand on songe que tous ces hommes, dont les misérables entreprises remplissent les gros volumes publiés par la commission d'enquête, vont et viennent librement, impunis; qu'ils siégent, le front haut, à l'Assemblée, dans les conseils, partout où la démagogie les a envoyés; quand on les voit hautains, bavards, bruyants, rêvant des audaces nouvelles, eux qui devraient dans la confusion ne chercher que l'oubli, en vérité, c'est à désespérer d'un pays et à se demander si la justice existe...

Mais l'heure ne peut tarder à sonner où disparaîtra, devant la colère et la risée publiques, quiconque de près ou de loin a trempé dans le crime abominable de Septembre.

Les responsabilités, ils les ont toutes. Ne résulte-t-il pas des révélations qui se sont produites et qui n'ont pu être contredites, que ces gouvernants improvisés laissèrent les portes de Paris se fermer sur les deux millions d'habitants qu'il contenait, sans même avoir songé à introduire dans l'immense forteresse les vivres qui lui auraient permis de prolonger indéfiniment sa résistance? Il y a plus, a écrit le *Journal de Paris :* une fois enfermés dans Paris, séparés de la France et du monde entier par un mur de fer, et devenus plus semblables à l'état-major d'un vaisseau naufragé, jeté sur un radeau avec une petite provision de vivres, qu'à un gouvernement ordinaire, ils ne surent même pas régler la consommation et la distribution des provisions de bouche, de façon à les faire durer le plus longtemps possible. Ils reculèrent tout d'abord devant la nécessité du rationnement : exciter peut-être le mécontentement de la population, provoquer les clabauderies des clubs et des réunions populaires, c'était plus que ces républicains intrépides n'en osaient affronter.

Ils laissèrent donc le gaspillage présider, dès le début, à la distribution des ressources alimentaires qu'ils n'avaient pas eu seulement le mérite d'amasser. Le rapport de M. Dréo constate, à la date du 20 novembre, — après deux mois de siége, — que le pain était gaspillé d'une façon scandaleuse, et qu'on en employait une partie considérable à *nourrir des chevaux*. Aucune mesure ne fut prise pour arrêter ce lamentable état de choses. On laissa les semaines et les mois s'écouler, et ce n'est que quelques jours avant la capitulation, lorsque la nécessité d'assurer la subsistance de la population jusqu'à l'époque du ravitaillement se fit jour, lorsque le spectre de la famine apparut à tous les regards, que le gouvernement de la Défense nationale trouva en lui-même assez de courage pour oser entreprendre de rationner le pain.

Non, jamais, jamais on ne s'élèvera trop haut contre l'incapacité, la couardise, la scélératesse des actes commis par cette bande infâme.

Nous voudrions rester calme, mais devant les déprédations, l'imprévoyance, l'audace, les mensonges, l'immoralité, l'indignité des hommes qui ont couvert notre Pays de misère, de ruines et de honte, l'indignation nous étreint...

L'histoire impartiale stigmatisera, comme elles le méritent, ces hideuses figures ! *L'inflexible jus-*

tice de Dieu les atteindra, ces homms sans foi, sans croyance ; et nous, nous apprendrons à nos enfants à les maudire.

Maintenant, lecteurs, lisez avec attention ; je vais vous dire ce que nous coûtent ces hommes:

La reddition de Strasbourg, de Metz, de Thionville, de Toul, de Verdun et de vingt autres forteresses ;

La capitulation de Paris, le désarmement de son armée ; l'entrée des Prussiens dans son enceinte ;

L'occupation par l'ennemi de quarante départements français ;

La paix de Francfort, dont les dures et humiliantes conditions l'ont fait justement surnommer *le pacte d'infamie;*

300,000 officiers et soldats français prisonniers en Allemagne ;

80,000 forcés de se réfugier en Suisse ;

100,000 morts par le feu, le froid, la maladie ou des suites de leurs blessures ;

10,000 soldats de l'armée régulière tués ou blessés dans la lutte contre la Commune ;

30,000 fédérés fusillés ou tués en se défendant ;

Plus de 50,000 en fuite, prisonniers ou déportés ;

Le massacre de l'archevêque de Paris, des autres otages et d'une foule de victimes innocentes ;

La destruction de nos plus splendides monuments ;

L'abandon aux Italiens de la capitale du monde catholique ;

La perte de notre influence et de notre rang parmi les nations ;

La diminution de nos ressources ;

L'augmentation de nos charges ;

L'abaissement de notre crédit ;

La ruine de l'industrie ;

Cinq milliards et deux provinces, prix de notre rançon, et plus cinq autres milliards gaspillés effrontément.

Voilà ce que coûte à la France la bande du 4 Septembre.

Oh! les lâches! tous les jours, toutes les heures, toutes les minutes, depuis qu'ils sont passés au pouvoir, nous révèlent une infamie nouvelle... Ils ont vaincu une femme! Voilà toute leur victoire. Ils ont exploité la grandeur d'âme bien connue de cette héroïne de charité et de dévouement : ils ont pensé que l'ordre de tirer sur eux ne partirait pas des Tuileries, et ils ont été bravement où le danger ne les menaçait pas...

Et eux qui avaient tant d'intérêt à respecter le voile de la vie privée, sans honte et sans pudeur, ne se sont-ils pas empressés de le déchirer?

Qu'ont-ils trouvé dans les tiroirs et les papiers secrets des Tuileries? Leur propre déshonneur!

En portant au pouvoir d'abord le général Bonaparte, ensuite le prince Louis-Napoléon, la France avait de ses mains fondé l'Empire. Par deux fois la famille Bonaparte sut donner à ce besoin d'unité, de concentration du pouvoir, sa formule définitive. Cette tâche lui paraît encore une fois réservée.

Ce jour arrivera, n'en doutons pas, où la nation meurtrie, déchirée, ruinée par la révolution, lasse des discours stériles et des promesses mensongères, se rappellera les vingt années d'ordre, de bienfaits, d'immense prospérité dont elle a joui sous l'Empire.

Alors la France se souviendra du Prince qui a dit : « Il est temps que les bons se rassurent et que les méchants tremblent. » Et, affamée de calme et d'autorité, elle saura bien secouer le joug des misérables qui l'ont déshonorée, et remettre irrévocablement les destinées du Pays aux mains viriles du Prince qui, voulant poursuivre l'œuvre régénératrice de l'Empereur, son glorieux père, répète, après lui : « Tout pour le peuple et par le peuple. »

Édouard GUILLEMIN.

FIN.

TABLE.

Préface.	v
Thiers	1
Trochu	32
Jules Favre.	53
Gambetta	70
Jules Simon	98
Ernest Picard.	111
Garnier-Pagès.	117
J. Magnin	126
Eug. Pelletan.	132
Crémieux	138
J. Ferry.	141
Glais-Bizoin	146
De Kératry.	151
Conclusion	161

BESANÇON. — IMPRIMERIE DE J. BONVALOT.

www.ingramcontent.com/pod-product-compliance
Lightning Source LLC
Chambersburg PA
CBHW070659100426
42735CB00039B/2330